みずみずしい叙情の日本語

七十二候で四季を生きる

明治大学教授
齋藤 孝

河出書房新社

私たちが秘めていた豊かな感性を
いま一度、取りもどすために
——はじめに

私たちが当たり前のように楽しみ、参加している春夏秋冬ごとの風習やしきたりは、そのほとんどが江戸時代に今の形になったものといわれます。

ところが厄介なことに、江戸時代には「旧暦」が使われていました。現在の新暦と、昔の旧暦とでは、一か月前後のズレがあります。そのタイムラグのうえに、人類の営みがもたらした自然環境の大きな変化なども加わって、今と昔の季節感はずいぶんと違うものになっています。

しかし、私たち今の日本人は、旧暦のもとで暮らしていた先人の血を脈々と受け継いでいます。四季がめぐるすばらしさ。その移ろいを、気象の動きや動植物の変化から、よりきめ細やかにとらえて表現した「二十四節気」と「七十二候」。

二十四節気と七十二候の基本については「プロローグ」で触れますが、とくに後者には、日本人が日々の暮らしの中で見聞きし、感じ、語り継いできた叙情豊かな「日本の言葉」

が散りばめられています。

それは自然現象や動植物の成長に関わる言葉であったり、人の営為（えいい）や風習・しきたりに関する言葉であったりします。

それぞれの言葉とその意味を心に留（とど）めおくことで、ともすれば失いかねない日本人の豊かな感性を取りもどせるのではないでしょうか。

「ああ、懐かしいなあ……。子供のころは、そうだったなあ……」

それは単にノスタルジックで、うしろ向きの懐古（かいこ）趣味とは違います。

心の底から湧（わ）きたつ素直な情感が、とかく殺伐（さつばつ）となりがちな暮らしに、みずみずしい潤（うるお）いをもたらしてくれるはずです。本書がその一助となり、子や孫たちの代にも語り継がれることを心から願うしだいです。

齋藤　孝

春

「七十二候」と「二十四節気」の一覧——もくじ

＊本書は2022年の日付（新暦）を適用しています。
日付は毎年不変ではありません。

夏

秋

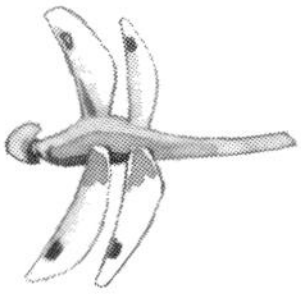

冬

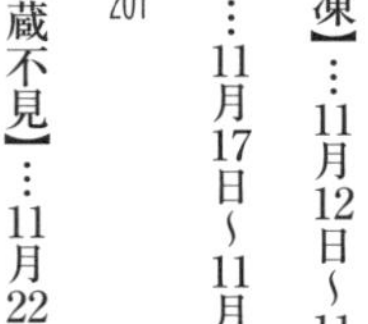

装幀＊こやまたかこ
カバーイラスト＊阿部真由美
本文イラスト＊小林いずみ
協力＊橋本和喜

暦に散りばめられた「叙情の日本語」は失くしてはいけないこころの宝石●プロローグ

●旧暦は今も必要不可欠

気象予報士が、「暦(こよみ)の上では、春ですが」などといちいち断りを入れて話すのは、それだけ旧暦と今の実態がかけ離れていることを物語っています。

日本の暦は、明治五年十二月三日を明治六年一月一日としたことで、それまで使っていた太陰太陽暦(たいいんたいようれき)(旧暦)に代わって太陽暦(新暦)が採用されます。旧暦では、一月～三月を春、四月～六月を夏、七月～九月を秋、十月～十二月を冬としており、現在の私たちの感覚とはだいぶズレがあります。

たとえば、中国人は旧暦の正月を「春節(しゅんせつ)」と称してお祝いをしますが、二月の初旬にお正月だといわれても日本人にはピンとこないでしょう。同じように、三月三日を桃の節句といっても、このころの桃の花は本来、まだ固い蕾の状態ですし、七月七日の七夕も、新暦では梅雨空が広がり、お星さま（天の川）を拝めないことが多いのです。

では、新暦に沿って暮らしている現在の私たちに、実態にそぐわない旧暦は必要ないのでしょうか。そんなことはありません。

日めくりカレンダーを見れば、旧暦の日付や関連行事などが必ず記載されています。取り払ってしまえば見た目もすっきりするはずですが、そうしないのは、私たち日本人に必要不可欠のものと考えられているからでしょう。

そこで本文を読んでいただく前に、旧暦と新暦の違いをはじめ、日本人と暦の関係について簡単にお話ししておくことにします。これによって、本書の主題である「七十二候」と、それにまつわる日本語の理解もよりスムーズになるはずです。

●太陽のめぐり、月のめぐり

私たちが現在使っている新暦は、「太陽暦」（正式名はグレゴリオ暦）と呼ばれるものです。天球上の太陽の運行をもとにして作られており、原型は古代エジプトにまで遡ります。

簡単にいえば、地球が太陽を公転する一周期を一太陽年（一年）とする暦法です。

古代エジプトの暦は、一年を三六五・二五日、一か月を三十日（三十×十二か月）として、余った五日を十三月に設定しますが、紀元前一世紀に作られた「ユリウス暦」では、十三月の五日分を他の月に振り分け、一年を十二か月としています。

ただ、一年を三六五・二五日とする点は同じだったため、実際の太陽年（一年＝三六五・二四二二日）との間に狂いが生じました。

そこで、この不都合を解消するために十六世紀に制定されたのが「グレゴリオ暦」です。ユリウス暦では四百年間に百回の閏年を置くのに対し、グレゴリオ暦では九十七回の閏年を置くことによって、太陽の位置と暦日の関係を調整しています。

いっぽう、旧暦は「太陰太陽暦」と呼ばれ、日本には飛鳥時代に中国から伝わっています。これにも太陰暦から太陰太陽暦へと移行するプロセスがあります。

太陰暦は、月の満ち欠けを基準にしています。新月から次の新月までの周期を平均二九・五三日とし、その一周期を一か月とするのが基本原理です。

ところが、月の満ち欠けは太陽の運行と異なるため、太陰暦の一年は太陽暦の一年より十一日も短くなります。三年経てば一か月以上、三十年では十か月もズレて、季節がまったく合わなくなってしまいます。

　そこで、閏月を十九年に七回の割合で設け、その年を一年十三か月とすることで、暦と季節の間のズレを解消しようとしました。これが太陰太陽暦です。

　とはいえ、太陽の運行と月の満ち欠けを基準にしている以上、太陽暦（新暦）と太陰太陽暦（旧暦）に誤差が生じるのは宿命的ともいえます。そこでどうしたか。解消策として旧暦に取り入れられたのが、「二十四節気」と呼ばれる概念です。

●二十四節気とは、七十二候とは

　二十四節気は、古代中国（春秋戦国時代）で生まれた暦の概念で、一年間に太陽が運行する黄道を二十四等分し、それぞれの区分点に季節の言葉をあてはめています。

　円グラフを描き、最初の季節点である「立春」から時計まわりに15度進むと次の節気に移行しますが、これを移行順にすべて列挙すると次のようになります。

　立春→雨水→啓蟄→「春分」→清明→穀雨→立夏→小満→芒種→「夏至」→小暑→大暑→立秋→処暑→白露→「秋分」→寒露→霜降→立冬→小雪→大雪→「冬至」→小寒→大寒。

　つまり、二十四節気とは、季節の節目である夏至と冬至、春分と秋分の四つ（二至二分）

を基点に、一年を二十四分割し、半月（約十五日）ごとの季節の変化を二字の熟語で示したものであることがわかります。

では、これをさらに三分割したらどうなるでしょうか。そうです。本書の主題である「七十二候」になるのです。七十二候は、およそ五日ごとの季節の変化を短文で表現したものです。4ページからの「春・夏・秋・冬の七十二候の一覧」（もくじ）をご覧ください。

一例を挙げると、二十四節気の「立春」と「雨水」の間には、初候「こちこおりをとく（東風解凍）」、次候「うぐいすなく（黄鶯睍睆）」、末候「うおこおりをいずる（魚上氷）」という三つの短文が入ります。

こうすると、気象の動きや動植物の生態の様子などが具体的にわかり、季節の移ろいをより細やかに感じとることができるのです。

七十二候も古代中国で生まれ、二十四節気と同時期に日本に入ってきましたが、二十四節気と違うのは、日本の気候風土に合うように千年以上にわたり、何度も改訂されてきた点です。

同じアジアとはいえ、やはり大陸の中国と島国の日本では気候風土が違います。それを

【二十四節気のめぐりと春夏秋冬】

【九つの雑節】

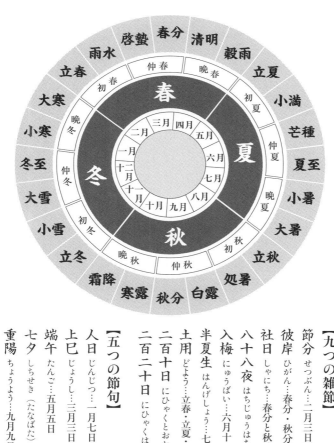

節分 せつぶん…二月三日頃
彼岸 ひがん…春分・秋分が中日の七日間
社日 しゃにち…春分と秋分に最も近い戊(つちのえ)の日
八十八夜 はちじゅうはちや…五月二日頃
入梅 にゅうばい…六月十一日頃
半夏生 はんげしょう…七月二日頃
土用 どよう…立春・立夏・立秋・立冬の前十八日間
二百十日 にひゃくとおか…九月一日頃
二百二十日 にひゃくはつか…九月十一日頃

【五つの節句】

人日 じんじつ…一月七日
上巳 じょうし…三月三日
端午 たんご…五月五日
七夕 しちせき（たなばた）…七月七日
重陽 ちょうよう…九月九日

どう表現し、いかにして暦の使いやすさを向上させるか。歴代の暦学者はそのことに頭を悩ませ、ああでもないこうでもないと、改良に改良を重ねてきたのです。

結果的には江戸時代、天文暦学者の渋川春海が「本朝七十二候」を著したことで、太陰太陽暦（旧暦）の改訂作業に終止符が打たれ、太陽暦（新暦）が明治政府に採用されるまで、これが使われることになります。

●九つある雑節と、五つの節句

旧暦にはまた、季節の目安として設けられた特定の日や期間もあります。これを「雑節」といいます。雑節は、中国伝来の二十四節気をおぎなう形で設けられ、農作業をはじめとする日本独自の風土や暮らしの要素を多分に含んでいます。

節分、彼岸、社日、八十八夜、入梅、半夏生、土用、二百十日、二百二十日。全部で九つから成り立っていますが、最大の特徴は、農作業などをするうえでの指標になってきた点です。

たとえば、立春から数えて八十八日目にあたる「八十八夜」は稲の種蒔きや茶摘みを始める時期、太陽黄経が１００度になる「半夏生」は田植えを終える時期、一年に四回ある「土用」は季節の変わり目にあたる健康に留意すべき時期。

そのように雑節の日を目安に、さまざまな風習や禁忌などが生まれてきたのです。

ほかにも旧暦には、読者もよくご存じの「五節句」があります。一月七日の人日の節句、三月三日の上巳の節句、五月五日の端午の節句、七月七日の七夕の節句、九月九日の重陽の節句。

これら五節句は、季節の変わり目に無病息災などを祈願した祓いの儀式がもとになった祝祭日（節日）で、古代中国の陰陽五行説に由来しています。奈良時代に伝わったころは宮中行事として執り行われていましたが、江戸時代に徳川幕府によって公式の式日（現在の祝日）に定められ、形を変えて現代に受け継がれています。

●人は季節とともに生きる

旧暦である太陰太陽暦が古代中国で誕生したのは、黄河文明が農業を中心に栄えていたことに関わっています。穀物や果実は、月が満ちていく上り月に植え、月が欠けていく下り月には根菜類を植える。そのように、植物の生長と農業を関連づけるには、月の満ち欠けを基準にした暦が、最も適していることを当時の人々は知っていたのです。

その中国から伝わった太陰太陽暦は、二十四節気・七十二候の概念をともなって、私たち日本人の暮らしに彩りを添えてきました。

日本は四季がはっきりとした国です。その恵まれた自然環境の中で、日本人は生活の根本である農業と密接不離の季節の変化を正確にとらえる能力（感受性）を研ぎ澄まし、日々の営みに反映させてきました。

ところが、その折々に豊かな表情を見せてきた四季も、文明の発達によって、昔とは異なる様相を示すようになってきています。

二酸化炭素の排出が気象や気温に変化を与え、技術革新によって季節と関係なく農作物が手に入るようになり、新暦と旧暦における季節感のズレどころか、四季の感覚自体があやしくなりつつもあります。

それでも私たちの体の中では、先人が四季を通じて育んできた知恵や感性が脈々と波打っています。季節の微妙な移ろいへの細やかな眼差しや情感。「季節とともに生きる」という人間本来の在り方。日本人はそれを見失わずに、大切に守り伝えてきたといえます。

●日本人の心はどこに在るか

「菜の花畠に　入り日薄れ」「早乙女が裳裾濡らして」「摘まにゃ日本の茶にならぬ」「甍の

波」「苫屋（とまや）こそ」「しずかな　しずかな　里の秋」……。

歌は世につれ、世は歌につれ。数々の歌が生まれては消えていくなかで、長く歌い継がれてきた童謡や唱歌。そこに出てくるなにげない日本語に耳を傾けるだけで、なぜか懐（なつ）かしくなったり、胸が締めつけられるような切なさを覚えたりします。

それはなぜでしょうか。日本人みんなに共通した言葉だからです。いわば、私たち日本人の記憶に刷り込まれた心のふるさとなのです。だから、その時代に生きていなくても、実際に見聞きした経験がなくても、心にこだまして胸に強く迫ってきます。

ロックやポップスが好きな若者たちに、懐かしい歌はどんな歌か、どんな歌を未来に残したいかと聞くと、必ずといっていいほど唱歌や童謡が挙がってきます。

四季を楽しみ、四季を慈（いつく）しみ、四季と闘ってきた先人の感性。それが染（し）みた歌は、これからも私たち日本人の情緒に訴え、心の財産として普遍的に受け継がれていくでしょう。旧暦に沿って暮らしてきた日本人の感性に触れたとき、遠い昔の心のふるさとに帰っていくことができます。

日本の気候風土の中で育まれた感性は、そう簡単に薄れるものではありません。時代や環境が変わっても、変わらないものがあるのです。そして、昔の記憶を甦（よみがえ）らせる日本語こそが、私たちの心をなぐさめ、心をやしない、新たな想像力や感性を生みだす力になると、私は信じています。

七十二候に散りばめられた「季節をていねいに見つめる日本語」と、そこに連ねて取り上げた二八〇余りの「みずみずしい叙情の日本語」が、みなさんの心の奥にまで響き、遠い記憶をふたたび呼び覚ますことができたら、こんなにうれしいことはありません。

なお、各章の二十四節気の欄に「〇月〇日頃」、七十二候の欄に「〇月〇日〜〇月〇日」と、新暦のいつごろに相当するかの目安を記載しています。本書をより有効に活用していただくために、すでにスタートしている二〇二一年ではなく、二〇二二年の日付を適用しています。そして、日付は毎年不変というものではないことをお断りしておきます。

また、七十二候のそれぞれに付随させている日本語も、必ずしもその期間にぴったりあてはまるものとは限りません。厳密さにこだわらず、彩りをほんの少しずつ変えていく春夏秋冬のみずみずしい季節感を味わっていただければ幸いです。

みずみずしい春 叙情の日本語

立春　りっしゅん
雨水　うすい
啓蟄　けいちつ
春分　しゅんぶん
清明　せいめい
穀雨　こくう

立春

2月4日頃

立春は二十四節気の最初の節気で、旧暦では一年の始まりを意味します。まだ寒い日が続くとはいえ、自然界では日ごとに寒気が緩み、春に向けて着々と準備を始めています。茶摘み歌で知られる「八十八夜」や台風が多いとされる「二百十日」は、立春が起算日です。

初候

こちこおりをとく【東風解凍】

2月4日～2月8日

東から吹く暖かい春風が、冬の間に川や湖に張りつめていた氷を解かし始めるころです。東風といえば、真っ先に思い浮かぶのが、次の歌ではないでしょうか。

東風吹かば　にほひおこせよ　梅の花　主なしとて　春を忘るな（春な忘れそ）

これは菅原道真が、政敵である藤原氏の讒言によって平安京から大宰府に左遷されることになった際、自宅の白梅を見ながら詠んだ歌です。主人の自分がいなくなっても、春が来たことを忘れずに花を咲かせておくれ。そしてその香りを遠く離れた大宰府まで届けておくれ。東風に願いを託しつつ、そう梅に語りかけているのです。

東風は吹くときの時間帯や強弱、周囲の状況などに合わせて、朝東風、強東風、雨東風、梅東風、雲雀東風など、いろいろな名で呼ばれます。それだけこの風に寄せる人々の思いが強かったということでしょうか。

そのいっぽうで、東風もふつうの風もまったく意に介さない動物もいます。そう、馬です。馬は自分の耳をなでる暖かい春の風にもなんらの感興も催さず、ただ右から左へ受け流すだけです。ここから「馬耳東風」という四字熟語が生まれました。

針供養（はりくよう）

一年間お世話になった縫い針に感謝を込めて供養するのが針供養です。江戸時代に広まったこの行事は、事始めの二月八日か、事納めの十二月八日に行われるのが一般的です。

この日は使い古した針を神社に奉納したり、豆腐やこんにゃくに刺して川に流すなどして、裁縫の上達を祈願します。手縫いには人のぬくもりが感じられます。一針一針に込められた愛情を思うと、長く大切に使いたくなります。

初午（はつうま）

初午は二月最初の午の日に行われる、稲荷信仰と深く結びついた行事です。稲荷神は、五穀と蚕桑を司る神、いわば私たちの命の源である食物の神様です。この日は、稲荷神の使いであるキツネの好物「油揚げ」や「いなりずし」、蚕の繭に似せた「初午団子」を作ってお供えします。栃木県には、鮭の頭・大豆・根菜・酒粕などを煮込んだ「しもつかれ」を食べる風習があります。天明の飢饉のころ稲荷神社に供えたのが起源とされる郷土料理です。

白魚 ● しらうお

白魚は、早春の味覚を代表する一つです。白魚漁が盛んな茨城県の霞ケ浦では、春先に産卵のために集まってきたところを帆引き網で一網打尽に。とれたてはキラキラ透明に輝いています。食べるのがもったいないくらいですが、かき揚げ、卵とじ、刺身、炊き込みご飯と何でもござれ。まさに目の保養になり、おなかにもうれしい一挙両得の魚といえます。ちなみに、躍り食いで知られる素魚はハゼ科の魚で、シラウオ科の白魚とは別種のものです。

麦踏み ● むぎふみ

日本では米を収穫した後の田んぼに麦を植える二毛作が各地で行われてきました。その麦作りで欠かせないのが、早春に行われる「麦踏み」です。霜柱が立つような寒い日、農家では大人から子供まで家族総出で田んぼに繰り出し、列をなして青く伸びた麦の苗を踏んだものです。こうすることで土にしっかり根が張り、霜害や乾燥に強い丈夫な苗が育つのです。今では、麦踏みの光景を見る機会もめっきり少なくなりました。

次候

うぐいすなく

【黄鶯睍睆】

2月9日~2月13日

「黄鶯」は、主に東アジアや東南アジアに生息するコウライウグイス（高麗鶯）のこと。日本ではあまり見かけませんが、黄色い羽毛の愛らしい鳥です。「睍睆（けんかん）」は、鳴き声が美しいこと。「春告鳥（はるつげどり）」の異名をもつウグイスは、その名の通り、春を告げるように美しい鳴き声を山里に響き渡らせます。

気象庁は、ウグイスの鳴き声が初めて観測された日を「初鳴日（しょめいび）」、その鳴き声を「初音（はつね）」と呼んでいます。春先は、ケッ、ケッ、ケキョ、ケキョと、どことなく頼りない鳴き方（ぐぜり鳴き）ですが、春が深まるにつれて鳴き方も上達し、ホーホケキョと美声を発するようになります。ウグイスのさえずりは、オスからメスへのラブコールですが、さえずり以外にも鳴き方があって、天敵を追い払うためにけたたましく鳴くのを「谷渡り鳴き」、オスとメスが藪（やぶ）の中でチャッチャッと地鳴きするのを「笹鳴き」といいます。

また、ウグイスと言えば梅。「梅に鶯」はよい取り合わせのたとえですが、実際に梅の枝にやってくるのは目白（メジロ）であることが多く、ウグイスはふだん、藪の中などを飛びまわって虫などを捕食（ほしょく）しています。

鶯餅●うぐいすもち

春先になると和菓子屋さんの店頭に鮮やかな鶯色の餅が並びます。鶯餅は、こし餡を柔らかい求肥で包み、鶯の形に成形してから青大豆のきなこをまぶして仕上げます。その起源は今から四百四十年ほど前の天正年間。当時、奈良の郡山城の城主だった豊臣秀長が兄の秀吉を茶会に招いた際、御用菓子司の菊屋治兵衛に命じて創らせたのが始まりです。秀吉は治兵衛が献上したこの菓子を大いに気に入り、「鶯餅と名づけよ」と菓銘を下賜したのだとか。秀吉といえばホトトギスかと思いきや、ウグイスにも深く関与していたのですね。

余寒●よかん

春めいてきたとウキウキしているころ、急に寒さがぶり返して震え上がることがよくあります。立秋後の暑さを残暑というのに対し、立春後の寒さのことを「余寒」といいます。また、「残暑見舞い」があるように、寒さが残るこの時期にも「余寒見舞い」があり、二月末までに出すのが目安とされています。

高浜虚子に、「鎌倉を　驚かしたる　余寒あり」という名句があります。ぽかぽか陽気が、寒波の襲来で急転。春だというのに、なんてことだ、なんまいだ！　大仏様まで眼をまんまるにしている光景が目に浮かびます。

菜の花忌 ●なのはなき

二月十二日は、作家・司馬遼太郎の忌日である「菜の花忌」。忌日名は、氏が好んだ菜の花と、江戸時代末期の廻船商人・高田屋嘉兵衛の生涯を描いた小説『菜の花の沖』にちなんで付けられたといいます。現在、司馬遼太郎記念館として公開されている書斎の前には菜の花が植えられており、この時期になると、来場者に微笑みかけるように、黄色い花をほころばせます。千利休（旧暦二月二十八日、新暦三月二十八日、没年は一五五一年）、詩人の伊藤静雄（三月十二日、没年一九五三年）の忌日も、同じく、菜の花忌と呼ばれています。

八戸えんぶり ●はちのへえんぶり

八戸えんぶりは、国の重要無形民俗文化財にも指定されている豊年祈願の郷土芸能で、毎年二月十七日から四日間、八戸市内の各所で演じられます。えんぶりの名は、田を均すときに用いる農具「柄振」や、冬の間眠っている田の神を揺さぶり起こす「いぶり（ゆすぶり）」に由来するといわれます。見どころは「太夫」と呼ばれる舞手が馬の頭をかたどった烏帽子をかぶり、頭を大きく振って演じるシーンですが、これは種蒔きや田植えなど稲作の一連の動作を表現しているといいます。

末候

うおこおりをいずる【魚上氷】

2月14日〜2月18日

冬の間、川や湖を厚く覆っていた氷が春の暖かさで薄氷に変わり、水底でじっとしていた魚たちが元気に泳ぎまわるころです。川辺や湖畔では、氷の割れた水面から魚たちが水音を立てて飛び跳ね、まさに童謡の「♪はるになれば しがこ（氷）もとけて どじょっこだの ふなっこだの よるがあけたと おもうべな」の世界を現出させます。

「鮒の巣離れ」ということばがあります。春になって水が温むと、冬ごもりから目覚めた鮒が、産卵のために川の浅瀬などにバシャバシャといっせいに寄り集まってきます。冬の間、餌もとらずに腹をすかせているため食欲が旺盛で、釣り糸を垂らすと、我先にと勢いよく食いついてきます。

こうした鮒の群れ集う様子を、釣り用語で「乗っ込み」といい、その鮒を「乗込鮒」といいます。滋賀県では琵琶湖でとれた「初鮒」（春に初めてとれる鮒）を「ふなずし」にして食べる風習があります。ふなずしは強烈な発酵臭を放つので好き嫌いが分かれますが、食べ慣れた人には、「これほど旨いものはない」という至高の食べ物のようです。

流氷 りゅうひょう

流氷は海や川の水などが凍って海面上を漂流しているもので、大きいものは幅三メートル、厚さ二十センチほどになります。日本では北海道で見られるオホーツク海の流氷が有名です。陸地から肉眼で確認できる「流氷初日」は、平年一月中旬から下旬。二月になると宗谷海峡や根室海峡に流れ込み、一部がオホーツク海沿いに接岸します。漁師にとっては迷惑千万ながら、貴重な観光資源でもあり、紋別や網走では流氷観光砕氷船や流氷列車を運行し、観光客の目を楽しませています。春が近づき、陸地から見渡せる海域に占める割合が五割以下、かつ船舶の航行が可能になると「海明け」が宣言され、三月末ころ「流氷終日」を迎えます。

公魚 わかさぎ

ワカサギには成長期に海を回遊するものと、生涯淡水にとどまるものの二種類があります。産卵期は冬から春にかけてで、一匹が産む数は千個～二万個。平均寿命は一年、寒冷地では二～三年のものもいるようです。漢字で「公魚」と書くのは、常陸国麻生藩の藩主が徳川家に霞ケ浦のワカサギを年貢として献上し、「公儀御用魚」とされたことに由来します。白焼き、天ぷら、から揚げ、佃煮、南蛮漬けと、なんでも美味です。

梅見(うめみ)

「梅は咲いたか、桜はまだかいな」。現在の日本人にとって、花見と言えば桜。梅は桜の前座のような扱いを受けている感があります。しかし、二月の異名を「梅見月」というように、江戸時代には「梅に始まり、菊に終わる」といって梅見が盛んに行われ、蒲田(かまた)や亀戸(かめいど)の梅屋敷(うめやしき)、百花園（今の向島百花園(むこうじまひゃっかえん)）などが名所として人気を集めていました。

今日、日本で最もよく知られているのは、水戸藩第九代藩主徳川斉昭(なりあき)が開園した偕楽園(かいらくえん)の梅でしょう。例年、ちょうどこの時期から三月下旬にかけて「梅まつり」が開催されます。

岩海苔(いわのり)

岩海苔は、波打ち際の岩場に生えている紅藻類(こうそう)のアマノリ属の天然海苔の総称で、クロノリやスサビノリなどが知られています。海水温が低く、時化(しけ)や大雪のときによく育つといわれ、「海苔掻き(か)」も旬の二月ころに最盛期を迎えます。現在は手摘(てづ)みか、専用の道具が使われていますが、昔は貝殻(かいがら)なども使っていたようです。

身を切るような寒さの中で、波のしぶきを受けながらの採取作業は、足場が滑るために危険もともない、「命がけ」といっても過言ではありません。採った岩海苔は冷水で何度も洗い、紙のように漉(す)いて天日で簾干(すだれぼ)しにします。採れたての生海苔は美味、絶品です。

雨水(うすい)

2月19日頃

寒気が緩み、空から降る雪が雨へと変わる時期です。一雨ごとに山地を覆(おお)っていた積雪が解け、凍(い)てついていた田畑に潤(うるお)いがもたらされます。この時期に降る雨は、植物の生長や開花を促(うなが)す恵みの雨であり、農家にとっては農作業の準備に取りかかる目安になります。

初候

つちのしょううるおいおこる【土脉潤起】

2月19日〜2月23日

春の暖かい雨が水脈を通じて地中に浸み込み、凍(い)てついて固くなっていた大地を潤す。そして、大地に根を張った植物が生気を取り戻したように次々と芽吹き始める。土脉潤起（脉は脈の俗字）は、そんな初春の様子を表しています。

冬の間、雪の不便さをかこってきた北国の人たちにとって、雪間から顔を出した土の色や匂いは、何ものにも代えがたい喜びでしょう。そして、獺（カワウソ）などの動物もまた春の気配を感じて活気づくに違いないのです。中国の宣明暦(せんみょうれき)では、雨水の初候にあたるこの時期を「獺魚祭(かわうそうおをまつる)」と表現してきました。ふつうカワウソは捕った魚を一匹食べ終えてから次の魚を求めて川に潜るのですが、中国にいるユーラシアカワウソは、捕った魚をすぐには食べずに岸に並べておく習性があります。その様子が供物を並べて先祖を祭っているように見えることから、「獺祭」という言葉が生まれました。

獺祭という言葉は、正岡子規が自らを獺祭書屋主人と名乗ったように、文人などが文机の周りに参考文献などを並べ散らかして仕事をする形容にも用いられます。

催花雨●さいかう

日本には数百に及ぶ雨に関わる言葉があると言われています。「雨水」の時期に限っても、雨によって促される雪解けの水を「雪汁」、「雪消の水」。雪解けで地肌が見えているところを「雪間」、「雪の暇」。植物の芽吹きを助ける雨を「木の芽萌やし」、「木の芽起こし」。植物に養分を与えて花を咲かせる雨を「催花雨」、「養花雨」。この他にも「甘雨」「慈雨」など、春の雨には情趣に富むたくさんの呼び名があります。

雪形●ゆきがた

雪形は、日の移ろいに合わせて形を変えていく残雪と山肌の織りなす模様を何かの形に見立てて命名したものです。雪形には、種蒔きをしている人の姿や馬・牛などの動物、植物、昆虫、農具、文字など、さまざまな種類があります。人々はこの形をもとに天候や災害の予測をしたり、農作業の開始時期を見定めたり、作物の豊凶を占ったりしてきました。日本では新潟県で最も多く見られ、その数百七十種類を超えるといいます。

会陽 ●えよう

岡山市の西大寺(さいだいじ)で二月の第三土曜日に開催される裸まつりの「会陽」は、日本三大奇祭の一つとして知られています。例年、約一万人のまわし姿の男たちが、吉井川で水垢離(みずごり)をしたあとに境内に入り、もみ合いながら宝木(しんぎ)の争奪戦を繰り広げます。男性であれば参加は自由。宝木の獲得者は「福男」と呼ばれ、多くの福が得られるといいます。

猫柳 ●ねこやなぎ

春先に芽吹く柳の中でも一足早く開花するのが猫柳です。川辺に自生する日本原産の樹木（ヤナギ科ヤナギ属）で、銀白色の綿毛に覆われた花を咲かせるのが特徴です。このふわふわした綿毛がネコのしっぽに似ていることから「ねこやなぎ」と名づけられたそうです。

いっぽうで、「エノコロ」などの別名も持ちあわせています。このエノコロの意味は、なんとイヌの子！　ネコなのか、イヌなのか、どっちなのだと言いたいところですが、猫柳にとっては「どっちでもいいニャー」かもしれません。花言葉は、自由、気まま。むべなるかなですね。

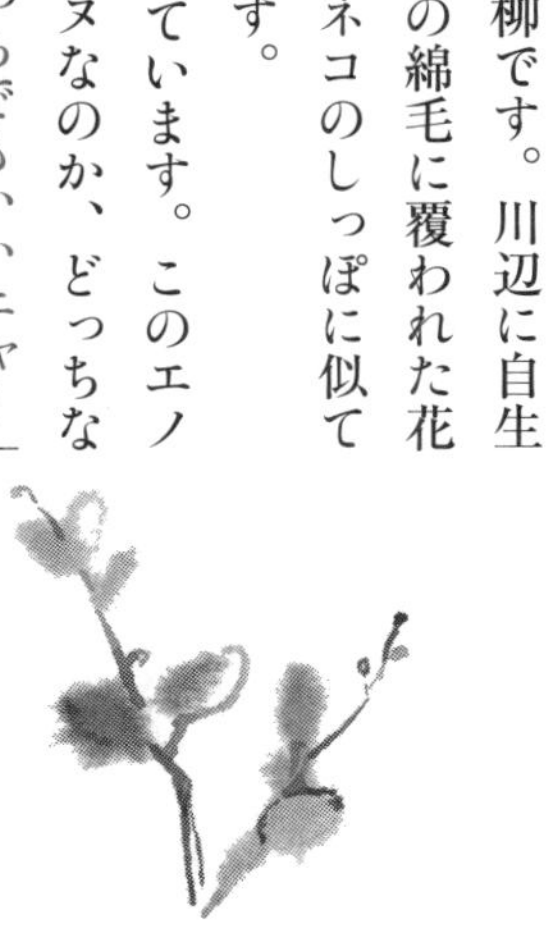

次候

かすみはじめてたなびく【霞始靆】

2月24日～2月28日

「靆」という漢字は、雲や霞が薄く帯のようにのびて漂っている様子を示し、「たなびく」と訓読みします。春霞がたなびき、遠くに見える山や景色がぼんやりとかすんで見える、そんな季節がやってきたのです。

菜の花畠に　入り日薄れ　見わたす山の端(は)　霞(かすみ)ふかし　春風そよふく　空を見れば　夕月かかりて　におい淡し／里わの火影(ほかげ)も　森の色も　田中の小路(こみち)を　たどる人も　蛙(かわず)のなくねも　かねの音も　さながら霞める　朧月夜(おぼろづきよ)

『朧月夜』という有名な唱歌ですが、霞をはじめとする春の情景が叙情豊かに描かれています。朧月夜は、ぼんやりかすんだ月夜の情景。朧(おぼろ)というのは霞の夜の呼び方です。この歌には、入り日や里わ（＝里曲、人里のあるあたり）、火影など、今ではあまり使われなくなった美しい日本語がたくさん散りばめられています。作詞した高野辰之(たつゆき)の故郷・長野県の永江村は、古くから菜種(なたね)の栽培を生業(なりわい)にしてきた集落です。一面に広がる菜の花畑。夜空に浮かぶ月。こうした黄色を基調とした山間の景色を春霞がぼんやりとかすめ、幻想的な世界を浮かび上がらせています。郷愁(きょうしゅう)を誘う日本的な情景です。

霞●かすみ

霞は、語源的には「微(かす)か」に通じ、「ほのめかす」などの意味もあります。霧(きり)や靄(もや)などの気象用語とは違い、ぼんやりかすんだ状態を表す文学的な表現の一つです。また、俳句の世界では、同じような現象でも、霞は春の季語、霧は秋の季語と定めています。さらに、前述したように、霞は昼間の呼び名で、夜になると朧(おぼろ)という呼び名に変わります。

念のため、英語の「mist（ミスト）」の意味を辞書で調べてみると、霞、靄、霧と、訳語が区別なく一緒くたになって出てきます。大気中の水滴ひとつとっても、いろいろな表現で使い分けてきた日本人の繊細さを改めて感じます。

験担ぎ●げんかつぎ

二月は受験シーズン。この時期になると語呂のいい縁起物(えんぎもの)を入手して験を担ぐ学生さんもいることでしょう。験担ぎは、「験を担ぐ」の名詞形。もともとは「縁起を担ぐ」といっていたものが、江戸時代に逆さ言葉が流行して「えんぎ（縁起）」が「ぎえん」になり、それが徐々に変化して「げん（験）」になったとされています。受験の験担ぎでは、「かつ丼を食べて勝つ」をはじめ、「合格祈願」と書かれた鉛筆などが人気を集めています。静岡県を走る大井川鉄道では、二〇二〇年二月に「五和(ごか)駅」が「合格駅」に改称されています。

冴え返る●さえかえる

「冴え返る　寒さに炬燵　又熱く」（高浜虚子）。春になって、冬の寒さがぶり返すことがあります。この突然の冷え込みを春の季語で「冴え返る」といいます。朝鮮半島や中国北東部では、シベリア高気圧の影響を受けて、寒い日が三日ほど続いた後に四日ほど温暖な日が続く「三寒四温」が見られますが、「冴え返る」もこれに近い現象といえるかもしれません。日本の場合、低気圧が通ると太平洋高気圧から暖かい風が吹き込み、低気圧が去るとシベリア高気圧から冷たい空気が吹き込みます。こうして寒暖を繰り返しながら春になるのです。

じょじょ●じょじょ

「♬春よ来い　早く来い　歩き始めたみいちゃんが　赤い鼻緒のじょじょはいて～」。この童謡は相馬御風の作品。早稲田大学の校歌『都の西北』などで知られる作詞家で、みいちゃんは彼の長女・文子がモデルです。その愛嬢が、履いて「おんも」に出たいと待っているのが、じょじょ。

　これは「草履」を意味する幼児語で、同様に、面（おも）が変化した「おんも」も、家の外のことを表しています。べべ（衣服）、あんよ（足）、ねんね（就寝）……。みんなしゃべって大きくなったのです。

末候

そうもくめばえいずる【草木萌動】

3月1日〜3月4日

柔らかい春の陽光に誘われて草木が芽生え始めるころです。ひところ、「萌え〜」という言葉が流行りましたが、「萌」には、めばえる、はじまる、きざすなどの意味があります。まさにこの時期は、地面からも、樹木の枝々からも、「萌え〜」と言わんばかりに、新しい生命が、冬の間に蓄えていたエネルギーを爆発させて息を吹き返すのです。

草の芽が地面からいっせいに萌え出る様子を「草萌え」あるいは「下萌え」といいます。また、俳句などでは、木々が芽吹いて冬枯れていた山が明るく華やいだ感じに見えることを、「山笑う」という春の季語を使って表現します。

同じように、「萌」に関連した春の季語に、「駒返る草」があります。駒返るとは若返ること。春を迎えて再び青々とした新緑によみがえる枯草のことを言い表したものです。

人間でいえば、お年寄りが若々しさを取り戻して潑溂と生きることにたとえられるでしょうか。中高年になると、ついつい「もう年だから」と言いがちになります。しかし、これではますます老け込むばかり。何かに対して「萌え〜」の恋心を抱き続けることが、若さを保つ秘訣かもしれません。

萌黄色 ●もえぎいろ

萌黄色は芽吹いたばかりの若葉のような黄緑色のこと。萌葱、萌木と書かれることもありますが、一般的には萌黄の字が充てられています。歌舞伎の舞台に使われる三色の引幕「定式幕」にも、黒色・柿色と組み合わせて萌黄色が使われています。某メーカーの歌舞伎揚げ（煎餅）やお茶漬け海苔のパッケージでもおなじみです。古来、日本人は、「緑」一つにもたくさんの表現を用いて使い分けてきました。白緑、青丹、海松色、どんな緑か想像できますか？　この機会に、ぜひ日本の伝統色を知ってほしいと思います。

修二会 ●しゅにえ

修二会は、三月一日から十四日までの二週間、東大寺二月堂で行われる法会で、七五二（天平勝宝四）年以来続いている伝統的な行事です。（旧暦の）二月に修する法会という意味で「修二会」と呼ばれていますが、正式名は「十一面悔過」。私たちが日頃犯している罪過を告白して悔い改めるのが目的の儀式です。期間中は、心身を清めた僧侶が二月堂の本尊である十一面観音菩薩の前で宝号を唱え、荒行によって懺悔し、天下の安寧を祈願します。

三月十二日の深夜、若狭井という井戸から観音様にお供えする「お香水」をくみ上げる儀式が行われるため「お水取り」とも呼ばれます。

雛まつり ●ひなまつり

三月三日は、うれしいひなまつり。古代中国の上巳節を起源とする行事で、桃の開花時期と重なるため「桃の節句」とも呼ばれます。もとは、人形に自分の邪気を移して川に流す「流し雛」でしたが、貴族のひな遊びと合体し、江戸時代には、豪華な人形を飾って女の子の健やかな成長を願う、今の原型ができたとされています。童謡では「♪お内裏様とお雛様　二人並んですまし顔」と歌われていますが、お内裏様は天皇皇后の両方を、お雛様は人形全体を指すもので、「二人並んで」という表現は誤解を招く一因になっています。

菱餅 ●ひしもち

雛壇に飾られる菱餅は、古代中国で上巳節に菱の実の粉と母子草を混ぜて作った餅が起源。母子草は春の七草の御形のことですが、日本では母と子を搗いて餅を作るのは縁起が悪いとして、蓬が使われています。

赤・白・緑の三層構造は、赤が厄除けの効果と解毒作用のあるクチナシ、白は子孫繁栄や長寿を願う菱の実、緑は厄除け効果と増血作用のある蓬。さらに赤は桃の花、白は残雪、緑は新緑と、三つを組み合わせて「春の情景」を表現しています。

啓蟄

3月5日頃

「啓」は閉じているものが開くこと、「蟄」は土中で冬ごもりしている虫のこと。日平均気温が摂氏10℃以上になると、春の陽気を感じて冬眠していた虫たちがもぞもぞと動き始めるといわれます。「さあ」と元気よく始動する生命の息吹が感じられる季節です。

初候

すごもりむしとをひらく【蟄虫啓戸】

3月5日〜3月9日

「春」の下に「虫」を二つくっつけると、「蠢く」という漢字になりますが、まさにこの時期の様子を表現するのにぴったりの言葉といえます。ただし、ここでいう虫は、昆虫だけを指しているのではありません。爬虫類や両生類なども含めた小さな生き物全般を指しているのです。そもそも「虫」という漢字は、ヘビ（まむし）をかたどった象形文字に由来しており、そのため、蛇も、蛙も、蜥蜴もみな虫偏になっているわけです。

立春後に初めて鳴る雷のことを初雷といいますが、ゴロゴロという轟きが虫たちを驚かせて地上へ誘い出すことから、「虫出しの雷」、「蟄雷」などとも呼ばれます。中国語で、啓蟄のことを「驚蟄」と表記するのも、雷が虫たちを目覚めさせる時計の役割を果たしているからでしょう。

春の陽気が心地よいこの時期は、虫だけでなく人間にとっても活発に活動したくなる季節です。ちょうどこの時期にあたる旧暦の二月八日は「事始め」といわれ、農作業などのスタートを切る起点とされてきました。そうして、私たちのご先祖様は、十二月八日の「事納め」まで、せっせせっせと汗水流してきたのです。

早蕨 ●さわらび

『源氏物語』（四十八帖）の巻名にもなっている「早蕨」は、芽を出したばかりのワラビのこと。春の到来をいの一番に伝えてくれる象徴として「石走る 垂水の上の さわらびの 萌え出づる春に なりにけるかも」（志貴皇子）と、『万葉集』をはじめとする多くの歌にも詠まれています。ワラビ採りは実に楽しいもので、大鍋で茹でて灰汁を抜き、そのままおひたしにしたり、干して煮しめの材料にするのも一興です。

日永 ●ひなが

日永は春の季語。春になって昼の時間が伸びてくることをいいます。俳句では、春の「日永」に始まって、夏は「短夜」、秋は「夜長」、冬は「短日」と、日の長短を情緒的に表現しています。この季節を「日永」と感じるのは、「短日」の冬を体験した後だからでしょう。

ところで、一日中という意味のことを「ひなが一日」と言う人を見かけます。正しくは「ひがな一日」。日永の春に、日がな一日ゴロゴロしていた、というふうに使います。

玉筋魚 いかなご

兵庫県の瀬戸内海沿岸は、良質ないかなごの漁場として知られています。毎年この時期になると、新子（稚魚）漁が解禁され、地元ではこの新子を使って佃煮を作ることが恒例になっています。醤油、砂糖、みりん、生姜などで甘辛く煮た新子は、錆びて折れ曲がった古釘に似ていることから「くぎ煮」と呼ばれます。いかなごの名前の由来は、「いかなる魚の子なりや」。カマスと区別がつきにくいことなどが理由のようです。いかなごの新子は、関東では「小女子」、宮城では「女郎人」、九州・山口では「かなぎ」と呼ばれています。

田螺 たにし

水温む……春の季語にあるように、この時期は寒さが緩み、池や川の水もしだいに温んできます。それにともなって水に棲む生き物たちも活発に動き始めますが、ご多分にもれず、冬の間、池沼や水田の泥中に潜んでいた田螺も、泥の上を這いまわるようになります。田螺は、タニシ科の淡水産の巻貝の総称で、食用にもなるそうです。

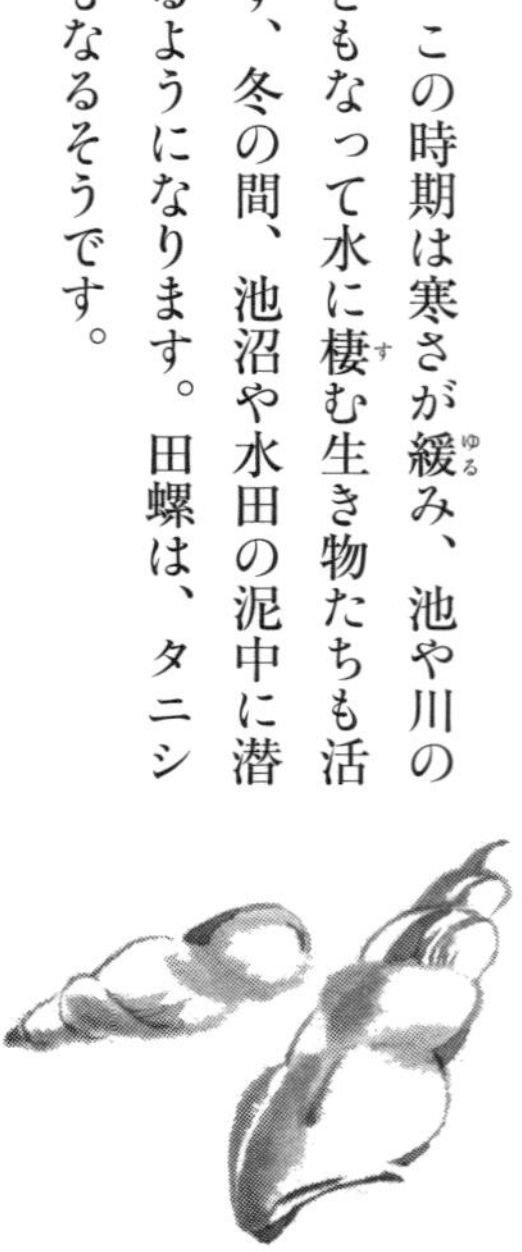

次候

ももはじめてさく【桃始笑】

3月10日～3月14日

桃の花が咲き始めるころです。「笑」は「咲」に通じ、日本では万葉の時代から、花が咲くことを「花笑む」と表現してきました。花の固い蕾がほころぶのを口元がほころぶのに見立てて「笑」の字を充てる。ナイスなセンスですね。

桃は、梅や桜と同様、バラ科に属する植物です。三月の中旬から蕾がほころび始め、「♬お花をあげましょ　もものはな」と歌われるひな祭りのころ（旧暦、四月上旬）に満開を迎えます。桃色や白色、紅色などの花を咲かせますが、一般に、桃というと、水蜜桃や白桃・黄桃などの果実を指すため、花や木を鑑賞するための「ハナモモ」はなじみが薄いかもしれません。ご覧になれば、いかにも微笑んでいるように見え、思わず口元がほころんでくるはずです。

中国では、桃は仙木・仙果と呼ばれ、不老長寿の功徳や邪気を祓う呪力をもつとされてきました。日本にもこの信仰が伝来し、室町時代には鬼退治（邪気祓い）の英雄「桃太郎」（説話）が生まれています。愛知県の桃太郎神社では、鳥居をくぐれば、悪は去る（サル）、病は居ぬ（イヌ）、災いは来じ（キジ）と、洒落っ気たっぷりに言い伝えられています。

桃栗三年柿八年。李も桃も桃のうち。小さいころからよく口にしてきたことわざや早口言葉です。そして、風邪をひいたときには桃の缶詰。これも邪気を祓うための験担ぎだったのでしょうか。当時は滅多に口にできない贅沢品でした。

桃山 ●ももやま

桃に不老長寿の力があると考えていた中国では、結婚式などの祝い事の際に、桃の実をかたどった白地にピンクの饅頭「寿桃」を食べる風習があります。不老長寿に憧れた『西遊記』の孫悟空は、西王母が管理する桃園で「蟠桃」と呼ばれる桃の実を食い散らします。扁平でねっとりした甘味のある桃で、世界三大美女の一人・楊貴妃も愛したといわれます。

日本にも、十五代将軍・徳川慶喜が好んだ「桃山」という焼き菓子があります。菓名は、桃山御殿（伏見城）の瓦の模様に由来するとも、見た目の華やかさを桃山時代になぞらえたともいわれます。

陽炎 ●かげろう

「かげろふの　中に来りて　遊びけり」（山口誓子）。風のないよく晴れた日、アスファルトの路上にゆらゆらと揺らめく「陽炎」。日差しの強いときに見られる気象現象ですが、のどかなイメージからか、春の季語になっています。大気中に密度の異なる熱い空気と冷たい空気が混在していると、光がさまざまな方向に屈折して空気が揺らめいて見えるといいます。

同じように路上で観察できる「逃水」も晩春の季語です。少し先に水が溜まって見えるので、近づくとそこに水はなく、追いかけていくとさらに先へ。まるでこちらが弄ばれているような現象です。地表近くの空気が熱で膨張してプリズム効果を生み、上方の景色が路上に反射して見えるのだといいます。「逃水の　逃て陽炎　燃えにけり」（正岡子規）。

青柳●あおやぎ

日本で単に柳といえば、枝垂柳。その柳は、春になるといち早く芽吹き、垂れさがった枝に黄緑色の若葉を無数に付けます。この青くみずみずしい柳は「青柳」と呼ばれ、春の季語になっています。

いっぽう、寿司のたねでもおなじみの「青柳」は、「馬鹿貝」と呼ばれる貝のことですが、生物名ではなく、貝殻を取り除いたむき身（軟体部位）のことを指します。品書きに馬鹿貝と表記することを嫌った江戸前寿司の職人が、貝の集積地であった上総国市原郡青柳（現千葉県市原市青柳二丁目）の地名から取ったといわれます。艶やかなオレンジ色の青柳もこの時期が旬。コリコリとした食感を楽しめます。

末候

なむしちょうとなる【菜虫化蝶】

3月15日〜3月20日

「菜虫」は、大根や蕪・白菜といったアブラナ科の野菜を食べる青虫のことで、一般的にはモンシロチョウの幼虫を指します。菜虫のときは畑の作物を食い荒らす厄介者ですが、蛹になって冬を越し、やがて暖かい春を迎えると一週間ほどで羽化します。蝶に生まれ変わったあとは、童謡にあるように、菜の葉やら桜の花やら「♬とまれよ　あそべ　あそべよ　とまれ」と、飛びまわりながら植物の受粉を助けます。幼虫から蛹、蛹から成虫になるプロセスを経て、害虫から益虫にメタモルフォーゼ（変態）するわけです。

蝶は幼虫のとき、蛹の中で自分の体を溶かして、成虫としての体をつくり上げていきます。これが、いったん死んで生まれ変わるように見えることから、輪廻転生や復活、不死の象徴とされてきました。

蝶に関連した故事に「胡蝶の夢」（『荘子』斉物論篇）があります。荘子（荘周）が蝶になった夢を見た後、自分が夢の中で蝶になったのか、蝶が夢の中で自分になっているのかわからなくなったという話です。夢と現の区別がつかない人生の儚さをたとえたものです。

春愁●しゅんしゅう

卒業、就職、転勤。春は別れと出会いの季節。新しい人との出会いをうれしく思う半面、親しかった人との別れなど寂しさもあります。ぽかぽかと華やぎつつある春とは裏腹に、気持ちはなんとなく塞ぎがち。春にふと感じるそんな物憂さを「春愁」といいます。

出典は、白居易の詩『陵園妾』。天子に仕えていた宮女が、ある人の讒言によって死ぬまで御陵（天子の墓）に幽閉されたのを憐れんで詠んだ詩で、「一奉寝宮年月多　春愁秋思知何限……」とあります。

餞●はなむけ

「それでは最後に、はなむけの言葉を」。送別会で司会や幹事が述べるお決まりの文句です。その昔、日本では旅立つ人の道中の安全と無事を祈って、（その人が乗る）馬の鼻先を目的地の方向に向ける「鼻向け」の風習がありました。『土佐日記』の冒頭にも「藤原のときざね、船路なれど、馬のはなむけす」と出てきますね。餞はこれに由来し、現在は、旅立ちや門出を祝福して金品（餞別）や激励の言葉などを贈る意味に使われています。ところが最近は、門出だからと歓迎会の席で使われたり、旅立ちだからと葬式の席で使われたりすることもままあります。明らかに誤用であり、とくに後者の場合は「たむけ」とするのが適切です。

春雨●はるさめ

「月様、雨が」「春雨じゃ、濡れて行こう」。ご存じ、月形半平太が料亭から一緒に出てきた芸妓に発する名台詞です。小雨の中を傘もささずに粋に歩く。恋人の前でなくとも、一度はこんなふうに気取ってみたいものです。春雨は、文字通り、春にしとしとと降る細い雨のことで、菜の花が咲くころに長く降り続くので「菜種梅雨」ともいいます。

食材の春雨も、「春に降る細い雨」に似ていることが名の由来になっています。中国から伝わったのは鎌倉時代ですが、日本固有のこの名が付いたのは昭和時代。意外に最近のことなのです。

名残の雪●なごりのゆき

春になるとラジオから流れてくる『なごり雪』。「♬季節はずれの雪が降ってる 東京で見る雪はこれで最後ね」と歌っていますが、「名残の雪」とは、春になってから降る雪、または春になっても消え残っている雪のことを指し、「別れ雪」「忘れ雪」などともいいます。

春の雪に関することば（季語）には、たとえば、雪が解けて川や海に流れ出るものを「雪代」、雪代で川や海が濁ることを「雪濁り」、雪代が洪水のようになったものを「春出水」。そして、雪国の人たちが待ち焦がれる「雪解」は「ゆきどけ」とも「ゆきげ」とも読みます。

春分

3月21日頃

太陽が黄経0度を通過した瞬間を春分といい、それが属する日を春分日と呼びます。太陽が真東から昇って真西に沈み、昼と夜の長さがほぼ同じになります。春分と前後三日を含む七日間が春の彼岸。(暑さ)寒さも彼岸まで。寒気の緩んだ過ごしやすい季節になります。

初候

すずめはじめてすくう【雀始巣】

3月21日～3月25日

雀が巣づくりを始める時期です。雀は、春分を過ぎたころから繁殖期に入り、カップル成立後は枯草や藁などを集めて営巣・産卵を始めます。一日一個ずつ、計五個ほどを産み落とし、約十日間抱卵します。孵化したヒナは、およそ二週間で巣立ちを迎えます。この間、親鳥は餌を運ぶために、四千～五千回も巣を行き来するそうです。

雀は、昔から私たちの生活圏内に棲み、最も身近な鳥として親しまれてきました。農家にとっては、春から夏にかけて稲につく虫を食べてくれるありがたい存在であり、いっぽうで秋には稲穂を啄む困り者。益鳥と害鳥の二つの顔を持つ鳥でもあります。

公園でハトにエサを与えている人のそばに寄ってきて、ちゃっかり横取り。サーッと逃げてしまう抜け目なさは相も変わらず。「すずめの子　そこのけ　そこのけ　お馬が通る」

（小林一茶）。身近な存在だけに、文芸の世界をはじめ、さまざまなジャンルで引き合いに出されています。雀百まで踊り忘れず、門前雀羅、欣喜雀躍、舌切り雀、雀のお宿、雀の学校……。あなたはいくつ挙げられますか？

麗らか ●うららか＝うらら

「♬は～るの　うら～らの　す～み～だがわ～」。春の陽気がぽかぽかと伝わってくる『隅田川』のメロディーです。「うらら」は漢字で書くと「麗ら」。これに接尾語が付いたのが「麗らか」です。暖かい春の日、晴れた空に明るい太陽。その柔らかい日差しが体を包み込んでえもいわれぬ気分にさせてくれます。うららの語源は「うらうら」で、繰り返し動くことを意味する「ゆらゆら」が転訛したものという説があります。

長閑 ●のどか

長い「閑」と書いて、のどか。閑には、ひま、しずか、おろそかなどの意味があり、うららかな春の日などに、ゆったり、のんびり、しずかに、くつろぐさまをいいます。「春風駘蕩」は、これを端的に表した熟語で、駘蕩は遮るものが何もない様子です。「長閑さや　脹れた腹を　もてあます」（尾崎紅葉）。「人形も　馬もうごかぬ　長閑さよ」（夏目漱石）。

引っ越し蕎麦 ●ひっこしそば

この時期、世の中は転勤シーズン。新天地で幸先（さいさき）のよいスタートを切るには、最初の挨拶（あいさつ）まわりが肝心。それを心得ていたのが江戸の庶民です。彼らは江戸時代中期までに、蕎麦（そば）や蕎麦切手（商品券）を「（長屋の）向こう三軒両隣」に配る文化を根付かせていました。「そばに来たのでよろしく」「細く長くお付き合いを」と洒落（しゃれ）っ気たっぷり。しかし、この意味合いは後づけされたもので、それ以前に配っていた小豆餅（あずきもち）や小豆粥（がゆ）が高すぎて、安価な蕎麦に切り替えたのが実情のようです。今は日用品やお菓子などが挨拶品に用いられています。

土筆 ●つくし

土筆は、スギナの胞子茎（ほうしけい）で、三月は茶色をしていますが、四月になると緑色の細い葉っぱを広げます。「つくし」は、「澪標（みおつくし）＝船に航路を知らせるために立てた杭」に見えるからとも、「突く突くし（突き伸びる）」が由来ともいわれますが、「土筆」の漢字を充てるのは、地面に刺した筆のように見えるからと、そのものズバリです。英名はhorse tale（馬の尻尾）で、そう見えなくもありませんね。おひたし、佃煮、天ぷら、卵とじ。自分で摘（つ）んできて「土筆づくし」と洒落込むのもよいでしょう。

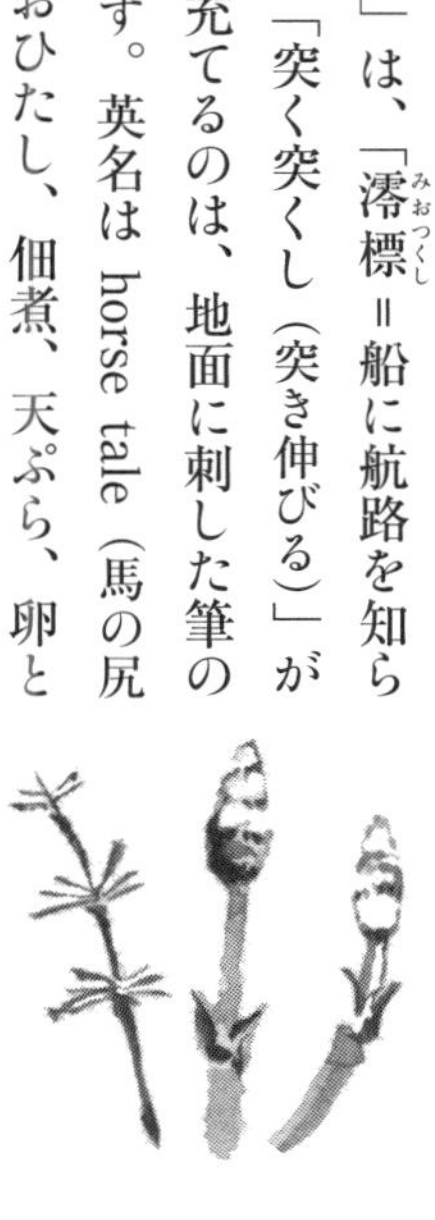

次候

さくらはじめてひらく【桜始開】

3月26日〜3月30日

世の中に たえて桜のなかりせば 春の心は のどけからまし
願はくは 花の下にて 春死なん そのきさらぎの 望月(もちづき)のころ

花といえば桜、花見といえば桜の鑑賞。それほどまでに、日本人は昔から桜を愛(め)で、特別な存在として扱ってきました。冒頭の二首は、平安歌人の在原業平(ありわらのなりひら)と西行(さいぎょう)が詠んだ歌です。業平は、「もし桜の花がなかったら、咲いた咲かないなどと心騒がせることもなく、のんびりしていられたろうに」と嘆息(たんそく)し、西行は「(釈迦(しゃか)が入滅(にゅうめつ)したとされる)旧暦二月十五日の満月のころに満開の桜の下で死のう」と願いました。西行が愛したのは奈良の吉野山の山桜ですが、歌に詠んだ希望日のわずか一日遅れで亡くなったといいます。

かつての花見は「山桜」を愛でるものでしたが、今の私たちが目にするおよそ八割は「染井吉野(そめいよしの)」(江戸彼岸と大島桜を交配してできた品種)といわれます。

しかも花見といいながら、「宴会」に力点を置いています。本来、花見には、農耕の神様に豊作を祈願するという意味合いもありました。「さ」は、農耕の神様。「くら」は、神様の居場所「御座(みくら)」。それが「さくら」の名の由来だとする説もあります。

花冷え●はなびえ

花冷えは、桜が開花するころに急に気温が低下することをいいます。低気圧が通過した後に、一時的に西高東低の冬型の気圧配置になると、北寄りの風が強まって厳しさが増します。とくに、低気圧が発達しながら通過すると、上空に強い寒気が流れ込み、冬に逆戻りしたかのような寒さになるのです。また、移動性高気圧の影響で寒くなることもあります。この場合、日中は晴れていて暖かいものの、地面の熱の放射を遮るものがないため、放射冷却によって夜間から朝方にかけて冷え込みが厳しくなります。

朝寝●あさね

春眠暁を覚えず。孟浩然の詩をもちだすまでもなく、春は寝心地がよく、ついつい寝坊してしまいがちです。この春眠に相当するのが「朝寝」。ともに春の季語です。

朝寝好きの代表といえば小原庄助さん。民謡『会津磐梯山』では「朝寝朝酒朝湯が大好きで それで身上潰した」と歌われています。実在したかどうかはっきりしませんが、時世にとらわれない生き方にちょっぴりジェラシーを感じます。子供のころ「日本で一番高い山は」という、なぞなぞが流行りました。「富士山！」。いえ、正解は「会津磐梯山」でした。「♬エイヤー 会津磐梯山は〝宝の山〟よ〜」。もっともだ、もっともだ……。

辛夷 ● こぶし

街路樹の「辛夷」が花をほころばせているのを見ると、ああ、春が来たのだなあと実感します。コブシはモクレン科の落葉高木。春は他の樹木に先駆けて純白の花を咲かせ、秋には赤紅色の果実（集合果）をつけます。コブシから連想するのは「握りこぶし」。名前の由来も多くはこれに関連したもので、開花の様子が小さな子供の握りこぶしに見えるから、蕾の形が握りこぶしに似ているから、集合果のデコボコした感じが握りこぶしみたいだから……と、要するに、花か、蕾か、果実のどれもが握りこぶしに見えるというわけです。

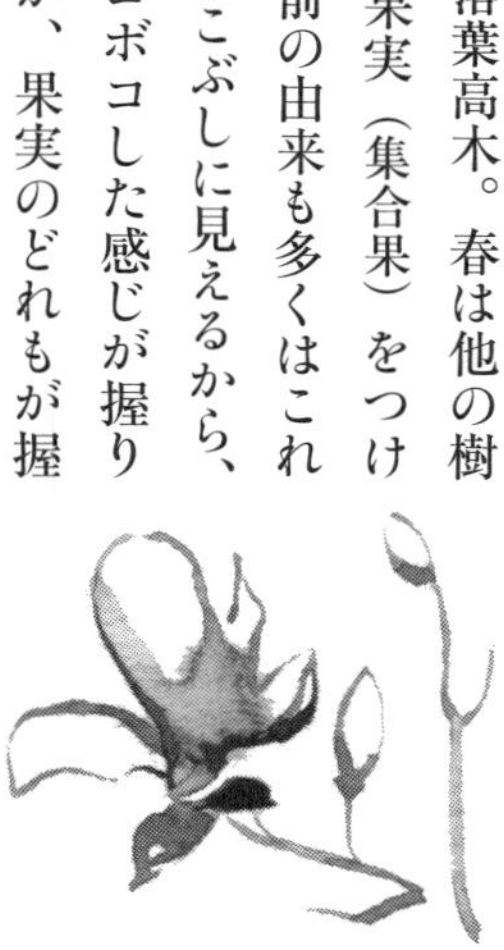

伊勢参り ● いせまいり

「春めくや　人さまざまの　伊勢まゐり」（荷兮）。時候がよいため、春に多く行われていた伊勢参り。伊勢神宮は、もとは公家や寺家・武家が神事を行う祈禱所でしたが、祀られている天照大神が商売繁盛や五穀豊穣の守り神であったことから、江戸時代以降、多くの庶民が訪れるようになります。旅費の工面のために「お伊勢講」という仕組みを作ってお金を出し合い、くじ引きで選ばれた代表者がお参りする形をとっていました。

末候

かみなりすなわちこえをはっす【雷乃発声】

3月31日〜4月4日

春雷が遠くの空で轟くように鳴り始める時期です。春雷は、寒冷前線の通過によって起こるものが大半で、ときに雹や雪をともなうことがあるものの、昔から恵みの雨をもたらす兆候として農家などから喜ばれてきました。

雷ということばは、「神鳴り」に由来します。俵屋宗達の代表作「風神雷神図屏風」にも描かれているように、昔は神（雷神）が太鼓を鳴らして雷を起こしていると信じられていたのです。雷は耳をつんざくような音が怖いうえ、落雷によって落命する恐れもあります。その落雷除けのおまじないとして、「くわばら、くわばら」と唱えるのがよいと言い伝えられてきました。大宰府に左遷され失意のうちに亡くなった菅原道真。その怨霊が雷神と化し、政敵のいる場所に雷を落としたところ、唯一、「桑原」という土地だけが落雷を免れたという伝説にちなんでいます。

雨かんむりに田と書いて「雷」ですが、実は「田んぼ」の田ではありません。古い時代には、雨かんむりの下にまるい形の田が三つないし四つ、または田が「畾」のように書かれていました。本来は稲光の形やゴロゴロという音を表した字と言われています。

蒲公英●たんぽぽ

タンポポはキク科の多年草。黄色い花は春の化身のようです。漢名は漢方の「蒲公英」に由来しますが、和名のタンポポは、茎の両端を裂くと反り返って鼓の形状になり（別名・鼓草）、それを叩いたときに出る音「タン、ポン」からの連想ともいわれています。また英名は、葉のギザギザがライオンの歯（牙）に似ていることから、ダンデライオン（dandelion）。

春を象徴する花といっても、この時期に咲くのは在来種の日本タンポポで、外来種のセイヨウタンポポは一年を通して花を咲かせます。花の基部を包んでいる総苞片を見たとき、反り返っているのが外来種、反り返っていないのが在来種です。

春一番●はるいちばん

春一番は、立春から春分にかけて、その年に初めて吹く南寄りの強い風（秒速八メートル以上の生暖かい風）のことをいいます。天気予報でも「いつ吹くか」が毎年話題になりますね。

長崎県壱岐の郷ノ浦では、今から約百六十年前の安政六年二月十三日、漁船が転覆して五十三人もの犠牲者が出ました。以来、この強風を「春一番」と呼んで警戒。これが春一番の名前の由来の一つとされています。同じ春一番でも、心浮かれる人と、海難事故に備えて心を引き締める人と。風模様と同じように、日本人の心模様もさまざまです。

御柱祭●おんばしらまつり／みはしらまつり

御柱祭は、長野県の諏訪大社で七年ごと（寅年と申年）に行われる式年祭で、正式名は「式年造営御柱大祭」。日本三大奇祭の一つに数えられています。御柱に使用されるモミの木は樹齢百五十年以上、重さ十トン以上。この巨木を山から里へ曳き出す「山出し」と四つの社殿（上社の本宮・前宮、下社の秋宮・春宮）まで曳いて街中を練り歩く「里曳き」が四月から五月にかけて行われます。祭りの圧巻は、御柱に氏子を乗せて急斜面を滑降する「木落し」。木どころか命まで落としかねない神事ですが、勇ましい男たちが危険も顧みず参加します。

都をどり●みやこをどり

都をどりは、京都の花街・祇園甲部の芸妓・舞妓による舞台公演で、四月一日から約一か月間開催されます。創始は一八七二（明治五）年。東京遷都後、京都の殖産振興を期して日本初の博覧会を開いた際、余興として芸妓・舞妓の舞を披露したのが起源とされています。

舞台は「ヨイヤサー」の掛け声とともに開幕。青地に枝垂れ桜の衣装に身を包んだ舞妓たちが「総をどり」を演じます。次いで春、夏、秋、冬、そして再び春と、それぞれの季節にちなんだ情景を舞い表します。

清明

4月5日頃

清明は、清浄明潔という言葉を略したものです。空気が澄んで晴れ渡り、芽吹いた植物の葉が青々とし、すべてが清らかで明るく生き生きと見える季節です。街では清々しい新人の若さみなぎる新年度がスタート。田舎では本格的な農耕シーズンに入ります。

初候

つばめきたる【玄鳥至】

4月5日～4月9日

のど赤き　玄鳥ふたつ　屋梁にゐて　足乳根の母は　死にたまふなり。斎藤茂吉の歌集『赤光』に収められている有名な歌です。「玄鳥」の「玄」は黒の意で、黒い羽を持ったツバメのことを指します。茂吉の歌では玄鳥を「つばくろ」と読みますが、ほかにも、つばくらめ、つばくろうなど、方言を含めてたくさんの呼称があります。

冬を暖かい南方の国で過ごしたツバメは、春になると繁殖のために日本に渡来し、民家の軒先や梁上などに泥と枯草を唾液で固めた巣をつくります。日本にはツバメが巣をかけた家には幸福が訪れるという言い伝えがあり、農作物を荒らさず、害虫だけを捕食してくれる益鳥であることとも相まって、身近な鳥として大切に扱われてきました。

清明祭●シーミー

沖縄では、清明の時期に「シーミー」と呼ばれる清明祭が行われます。中国の清明節の流れをくむお盆のような行事で、先祖のお墓に親戚が集まり、線香や花、お茶やお酒、重箱に詰めた料理や果物などをお供えし、供養します。清明の入りから十五日以内に行うのが基本ですが、最近は休日に行うことも多いようです。

広々とした墓前でお供えのご馳走を囲みながら催される宴は非常に賑やかで、傍から見ると、まるで花見やピクニックでもしているような光景です。

灌仏会●かんぶつえ

灌仏会は、釈迦の誕生を祝う仏教行事で、毎年四月八日に行われます。現在のような、花御堂の中に安置された誕生仏に柄杓で甘茶をかけて祝う形になったのは江戸時代。甘茶をかけるのは、誕生時に天の八大竜王が甘露を降らせたからとも、天に九頭の龍が現れ、それが吐き出した甘い水を産湯に使ったからとも言われます。

釈迦が生まれてすぐに発した言葉が「天上天下唯我独尊」。神童神話ですね。一九一六（大正五）年、浄土真宗の僧・安藤嶺丸が提唱して以来、灌仏会は「花まつり」の愛称で親しまれています。

花盗人●はなぬすびと

日本列島を桜前線が北上し、各地から開花の便りが届くこの時期、待ってましたとばかりに現れるのが花盗人です。花盗人とは、とくに桜の枝を手折って持ち帰る人のことをいいます。風流を解さぬ野暮な人間かと思いきや、能楽の世界には例外もあるようです。

狂言の『花盗人』では、桜の枝を折って捕まった盗人が木に縛りつけられて、こんな歌を詠みます。「この春は 花のもとにて縄つきぬ 烏帽子桜と 人やいふらん」。盗人はこの秀歌によって罪を赦され、花見の宴に加えられるのです。

花筏●はないかだ

「花の命は短くて苦しきことのみ多かりき」とは、放浪作家の林芙美子が好んで色紙に書いた言葉です。確かに花(桜)の命は短い。一輪咲くまではしびれを切らすほど長いのに、ひとたび咲いてしまえば、あっという間に散ってしまいます。しかし、いっせいに舞い散れば「桜吹雪」、水面に浮かんで流れれば「花筏」となって、最後まで美しさを損なうことがありません。花筏は日本人の美意識が生んだ言葉ですが、「ハナイカダ」という植物も実在します。別名を「ヨメノナミダ」。嫁ぎ先でつらい目にあった嫁が、葉の上にほろりと涙をこぼしたように見えたからで、苦しきことのみ多かりき人生の一端を投影したような名前です。

次候

こうがんかえる【鴻雁北】

4月10日～4月14日

日本で越冬した冬鳥の雁（がん）が北方のシベリアへ帰っていく時期です。「鴻雁」の「鴻」は大型のガンのことで、「ひしくい」と訓読みします。また、「雁」は小型のガンを指し、カリカリと鳴くことから「かり」とも読みます。雁は毎年、群れを成して飛び来たり、飛び去っていく「渡り」を繰り返します。その往来に日本人は季節の変わり目を感じ、「雁帰る（かりかえる）」を春の季語、「雁渡る（かりわたる）」を秋の季語として、俳句などに詠んできました。雁については、秋の候（鴻雁来）で詳しく取り上げましょう。

この時期、群れ飛ぶ雁と同じように、産卵のために大群をなして押し寄せてくるのが、春告魚（はるつげうお）の異名をもつ鰊（にしん）です。鰊がやってきた沿岸は、精液と卵によって海面一帯が乳白色に染まる「群来（くき）」という現象を引き起こします。江戸・明治期、鰊漁で栄えた北海道の日本海沿いでは、毎年のようにこの現象が発生し、「江差（えさし）の五月は江戸にもない」と謳（うた）われるほどの賑（にぎ）わいを見せました。当時、鰊は〆粕（しめかす）と呼ばれる肥料に加工され、菜種（なたね）や藍（あい）・綿花（めんか）などの栽培に利用されました。私にとって鰊といえば、北原ミレイの『石狩挽歌（いしかりばんか）』。雁ではなしに、海猫（ごめ）（＝ウミネコ）の群れが目に浮かんできます。

山吹 ●やまぶき

春に咲く花のなかでも、鮮やかな黄色がとくに印象的な山吹。花言葉の一つに「金運」があるのは、谷底に落とした金貨が花に化したという伝説に基づいています。「七重八重　花は咲けども　山吹の　実の一つだになきぞ悲しき」。室町時代の武将、太田道灌が、にわか雨に見舞われて農家で蓑を借りようとしたとき、娘が出てきて一輪の山吹の花を差し出します。貧しくて蓑（実の）ひとつも持ち合わせていない。『後拾遺和歌集』の歌に掛けて仄めかしたものの、道灌は理解できずに立腹。あとで家臣に指摘されて恥じ入り、歌道に励んだといいます。

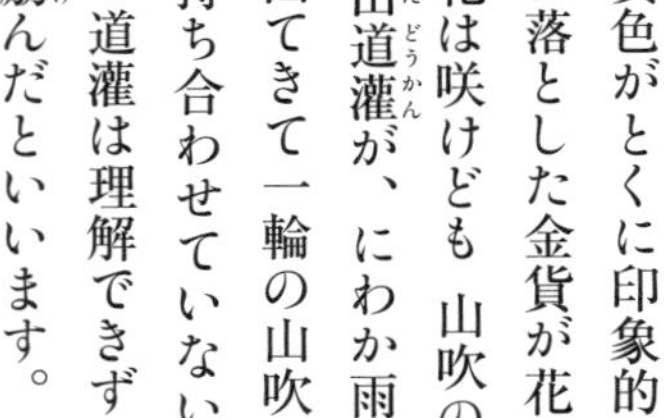

霜くすべ ●しもくすべ

晩春のよく晴れた夜に霜が降りると、芽ぐみ始めた桑の葉が黒ずんで枯れ、蚕が全滅することも珍しくありません。そのため養蚕家では、霜の降りそうな晩に、青柴や籾殻・松葉などをくすべて煙幕を作り、霜害を防ぐ対策をとっていました。「くすべ」は、漢字で書くと「燻べ」。炎を立てずに煙がたくさん出るように燃やすことをいいます。霜くすべは時代とともに廃れ、俳句の世界（晩春の季語）でも、ほぼ死語と化しています。

十三詣り　じゅうさんまいり

十三詣りは、数えで十三歳になった子供が親と一緒に知恵と福徳を司る虚空蔵菩薩に参詣する行事で、「知恵詣り」とも呼ばれます。もとは旧暦三月十三日に京都嵐山の法輪寺に参詣するのがもっぱらでしたが、現在は各地の寺院で四月十三日に行われています。この日、子供たちは大人の寸法に仕立て直した着物を身にまとってお参りし、半紙に祈願する事柄を漢字一字で筆書きします。そしてこれを仏前に供えて祈禱を受けてから帰途につきますが、法輪寺の場合、途中にある渡月橋を渡り終えるまで「後ろを振り返ってはいけない」というしきたりがあります。万一振り返れば、せっかく授かった知恵がパーになるとされています。

風炎　ふうえん

フェーン→ふぇーん→ふうえん。風炎とはフェーン現象のこと。湿った南風が日本列島の中央山脈に当たって太平洋側に雨を降らせた後、暖かく乾いた風が日本海側に吹きおろし、その付近の気温が急激に上昇する現象をいいます。ドイツ語のフェーンに漢字を充てたのは、第四代中央気象台長を務めた岡田武松（一八七四〜一九五六年）です。

フェーン現象は、乾いた突風となることがあり、ひとたび火災が発生すると広範囲に燃え広がり、字のごとくまさに風炎となって、深刻な被害をもたらします。

末候

にじはじめてあらわる【虹始見】

4月15日～4月19日

冬にはあまり見られなかった虹が、雨上がりに見えることが多くなる時期です。

英語でrainbow（雨の弓）と表される虹は夏の季語ですが、春に初めて空に架かる虹は「初虹」と呼ばれ、夏の虹に比べて淡い色合いになるのが特徴です。

虹といえば七色。私たち日本人は何の疑問ももたずにそう覚えてきました。誰が決めたのかといえば、万有引力の法則で有名なニュートンです。ド・レ・ミ・ファ・ソ・ラ・シの音階にあてはめて、赤・橙・黄・緑・青・藍・紫と決めたそうです。ただ、虹の色に明確な境界線があるわけでなく、アメリカでは六色、ドイツでは五色としています。

虹は、太陽光が雨粒などに反射・屈折してできるスペクトルですが、古代中国では、これを大蛇が天に昇って龍になるときに現れるものと信じていました。そのため虹という漢字には、本来は「へび」を意味する虫の字（虫偏）が使われています。

虹をどうとらえるかは古今東西さまざまで、古代中国では不吉の象徴、日本でも虹の根元だけが見える「株虹」を地震や洪水の前触れとする地域があります。いっぽうで主虹と副虹で構成される「二重虹（ダブルレインボー）」は吉兆の印とされています。

磯嘆き ●いそなげき

磯嘆きは、「海女の磯笛」とも呼ばれ、海女が海面に浮き上がって息を整えるときに「ヒュッ、ヒュッ」と洩らす口笛のことをいいます。海女は、縄文時代以来の歴史をもつ素潜り漁師。春の解禁でいっせいに海に繰り出します。現在、全国に約二千人、そのうち約半分が鳥羽市と志摩市に集中しています。一人前になるには最低十年、八十歳すぎの現役も存在するといいますが、高齢化と後継者不足はいずこも同じ。二〇一九年五月、鳥羽市と志摩市は「日本遺産」の認定を受け、日本伝統の漁法が消滅を免れることになりました。

蛍烏賊 ●ほたるいか

ふだんは水深二百〜六百メートルの深海に棲息する蛍烏賊。春になると、産卵のために富山湾の沿岸に集まってきます。地元では「まついか」と呼ばれていましたが、一九〇五（明治三十八）年、「ホタルイカ」という名を授けたのが東京大学教授の渡瀬庄三郎博士。蛍のような青白い光を放つことから命名したといいます。何のために発光するかは定説がなく、外敵に襲われたときに身を守るためとか、仲間同士で会話するためとか言われています。蛍烏賊は春に生まれて、一年で一生を終えます。

蛤 はまぐり

春は潮干狩りのシーズン。一番人気は「蛤」でしょう。蛤は平安時代からの伝統的な遊戯「貝合わせ」にも用いられていました。内側に蒔絵や金箔で装飾した貝殻を裏返し、形と絵柄がぴったり合致するペアを探し当てる遊びで、いわばトランプの神経衰弱のようなものです。

そのように、蛤の殻は向きを揃えないと合致しないことから、「蛤」を逆さまに（180度回転）した漢字「蛤」は、物事の手順や結果が食い違うことを表します。不良化を意味する「ぐれる」は、「ぐりはま」が転訛した「ぐれはま」からきています。

蜃気楼 しんきろう

蜃気楼は、光の異常屈折により、海上や地上で物体が空中に浮かんで見えたり逆さまに見えたりする現象です。本来、光はまっすぐに進みますが、暖かい空気層と冷たい空気層が出合うと、冷たい層の側に屈折します。上が暖かく下が冷たいと像が浮いたり逆さまになるなどの上位蜃気楼が発生し、逆の場合は下に虚像を結ぶ下位蜃気楼が発生します。

「蜃」の文字は、「大蛤」や「蛟」（竜に似た想像上の動物）を意味し、古代人はこれの吐き出す息が楼郭に似た奇怪な現象を引き起こすと考えていました。富山県魚津市（富山湾）や滋賀県大津市（琵琶湖）のものが有名で、四月～五月に最も多く発生するといいます。

穀雨(こくう)

4月20日頃

気温が高まり、寒気の訪れる心配もなく、雨の降る日も多くなる季節です。この時期に降る雨は「百穀春雨(ひゃっこくはるさめ)」といわれ、大地を潤(うるお)し、種々の穀物に栄養と水分を与える恵みの雨と考えられていました。農家では、穀雨を目安に田植えや種蒔きの準備を始めます。

初候

あしはじめてしょうず【葭始生】

4月20日～4月24日

日増しに暖かくなり、冬枯れしていた水辺の葭(あし)が芽吹き始める季節です。葭は、「葦」や「蘆」とも書かれるイネ科の多年草で、川の流域などの水辺に生育します。この時期に見られる若芽は、先が尖っているため、「葦牙(あしかび)」と呼ばれ、春の季語になっています。

葦の茎は、夏になると二～三メートルの高さまで伸びますが、竹と同じように、中は空洞になっています。『古事記』に「豊葦原の瑞穂の国(とよあしはらのみずほのくに)」と記されているように、日本と葦との関わりは深く、古来、多くの歌に詠(よ)まれてきました。

難波江(なにわえ)の 葦のかりかねの ひとよゆゑ みをつくしてや 恋ひわたるべき

百人一首にも収められている皇嘉門院別当(こうかもんいんのべっとう)の歌です。この歌が詠まれた難波江は、今の大阪市の淀川(よどがわ)の河口付近にあたり、当時は葦が生い茂る湿地帯だったようです。「かりね」は仮寝と刈根。「ひとよ」は一夜と一節。「みをつくし」は澪標と身を尽くし。旅先で出会った男性との一夜かぎりの恋。忘れがたくも切ない思いが、掛詞を多用した中に込められています。

壬生狂言●みぶきょうげん

鑑真の開基と伝えられる京都の壬生寺（心浄光院）。ここで年三回（四月は二十九日から七日間）行われるのが「壬生狂言」です。いわゆる狂言形式のパントマイム（無言劇）で、一三〇〇（正安二）年の大念仏会に際し、壬生寺中興の円覚上人が身振り手振りで仏法を説いたことが起源とされています。壬生狂言は、江戸時代に本来の宗教劇を離れて大衆娯楽として発展。お面をつけた演者が鉦・太鼓・笛の囃子に合わせて自在に舞い踊ります。地元では、お囃子の調子から「壬生さんカンデンデン」と呼ばれて親しまれています。

藤波●ふじなみ

「瓶にさす　藤の花ぶさ　みじかければ　たたみの上に　とどかざりけり」（瓶にさした藤の花房が短いので、畳の上に届かないでいることだよ）。『墨汁一滴』という随筆に収められている正岡子規の歌で、見たままの藤を描写しています。子規は三十四歳で死ぬまで、約七年間、結核（かく）で病床（びょうしょう）に伏（ふ）していました。瓶にさす藤にも情趣（じょうしゅ）がありますが、花房が風に吹かれて波のように揺れ動く「藤波（藤浪）」もまたいいものです。

木の芽 ● このめ、きのめ

木の芽は、樹木の新芽を指す場合は「このめ」、山椒（さんしょう）の芽（若葉）の場合は「きのめ」と読みます。私たちが春に食べるのは後者です。手のひらにのせてパチンと叩くと、よりいっそう風味が引き立ちます。山椒のよさは、初夏に実も楽しめることです。「山椒は小粒でピリリと辛い」とは、小さくとも侮（あなど）ることができない能力をたとえたもの。ちなみに、山椒魚は山椒の香りに似た種類がいることが名の由来とされています。

桜餅 ● さくらもち

桜の葉を塩漬けにして餡（あん）入りの餅に巻いた桜餅。これには関東風の「長命寺（ちょうめいじ）」と関西風の「道明寺（どうみょうじ）」の二種類があります。前者は、江戸の享保（きょうほ）年間、隅田川沿いにある長命寺の門番・山本新六が考案したもので、小麦粉の生地をクレープ状に焼いた皮に特徴があります。

後者は、大阪の道明寺で保存食として作っていた道明寺粉（蒸したもち米を乾燥・粗びきしたもの）を皮に使い、つぶつぶした食感が特徴です。

次候

しもやんでなえいずる【霜止出苗】

4月25日〜4月29日

春から夏に移ろう季節の変わり目であり、気候が安定する時期です。このころになると、明け方や夜間の冷え込みがなくなり、霜も降りなくなります。暖かい陽光の下、芽吹いた苗がすくすくと生長する好期であるため、農家では田植え前の準備作業に取りかかります。農家の間で伝承されている言葉に「苗半生」があります。苗のときの生育状況がその後の生長や収穫（出来栄え）を大きく左右するという意味です。それだけ育苗が重要であり、裏を返せば難しいということでもあるのでしょう。

育苗と並行して行われるのが、堆肥を撒いて耕す「田打ち」です。これが終わると、田んぼに水を張り、土の表面を平らに均します。これを「代掻き」といいます。ほかにも、「畔塗」といって、畔の割れ目に田んぼの土を塗り付け、水が外に漏れないようにするための作業も欠かせません。

今はこうした一連の作業にトラクターやロータリーなどの農業機械を使うのが当たり前ですが、昭和の半ばころまでは牛馬を使う光景も見られました。いずれにせよ、美味しい米を世に出す農作業とは、準備段階からかくも大変なものなのです。

雲雀●ひばり

ピーチクパーチクひばりの子。熊本民謡の『おてもやん』にも登場するヒバリは、春を告げる代表的な鳥です。かつては都心でもよく見かけたものですが、今は「すかいらーく」の看板を目にするくらいです。スズメより一まわり大きい淡黄褐色の小鳥で、頭にトサカのような冠羽があるのが特徴です。空中を旋回しながら「ピチクリ、ピチクリ」。うるさいほどですが、これで縄張りを主張しているのだといいます。鳴き声を人間の言葉に置き換えた「聞き做し」では、ヒバリに借金している太陽がなかなか返してくれないので「日一分（ひいちぶ）、日一分」（利子は一日一分だぞ）と催促しているのだとか。

西京焼き●さいきょうやき

西京焼きは、甘味のある京都の白味噌に酒や味醂を加えた漬け床に魚などの切り身を漬け込んで焼いた料理のこと。平安時代、海から遠く離れた京の都では、旬の魚をなんとか美味しく食べたいと食材を味噌漬けにする保存方法を考案。ただ、手間と時間がかかる高級食品だったため、口にできたのは貴族や僧侶だけで、庶民に普及したのは室町中期になってからといいます。西京味噌は、他の味噌に比べて塩分が少なく、味噌漬けにしても素材の色や特徴を損なうことがありません。銀だら、銀むつ、銀ざけ。関西なら、いまが旬の鰆でしょうか。

躑躅●つつじ

桜の季節が終わったと思ったら、いつの間にか沿道の植え込みには躑躅が今を盛りとばかりに咲き誇っています。赤紫や白、ピンクの花で埋めつくし、およそ一〜二か月間後には次の紫陽花へ。東京のような都会でも市街地では花々のバトンリレーがスムーズに続きます。躑躅は難読漢字の一つですが、植物なのになぜ足偏なのでしょう。

躑も躅も「たちもとお（る）」と読み、合体すると「足踏みする、ふらつく」という意味になります。ツツジの中には有毒のものがあり、牛や羊などが誤って食べると、毒に当たってふらふらします。そのよろめく様子を表したのが躑躅という漢字なのです。

栄螺／拳螺●さざえ

サザエは、リュウテン科に分類される螺（＝巻貝）の仲間。殻が小さい家に見えることから「小（ささ）」「家（え）」→「ささえ」→「さざえ」、拳（こぶし）の形に見えるから「拳螺」、あるいは栄の音から「栄螺」など、名前（漢名）の由来には諸説あります。

サザエの旬は、栄養をたっぷり蓄えた産卵前の春から初夏とされ、この時期を逃してしまうと、身がやせて殻の口が大きく見えます。ここから、「夏のサザエは口ばかり」（口先だけの人）ということわざが生まれています。

末候

ぼたんはなさく【牡丹華】

4月30日〜5月4日

牡丹の花が咲き始める時期です。「さく」を表現するのに、桃は「笑」、桜は「開」でしたが、牡丹には「華」という漢字が使われています。原産国の中国では古くから「百花(ひゃっか)の王」や「天香国色(てんこうこくしょく)」(この世のものとは思えない最も上品な香りと美しい色をもつ花)などの美称を与えられ、国を代表する花と位置づけられてきました。

日本には奈良時代に薬草として伝来しています。観賞用の栽培が盛んに行われたのは江戸時代で、このころに多くの品種が創られています。今でこそ淡紅や白・黄・紫など何色もの花を咲かせる牡丹ですが、昔は赤の品種が多かったため、名前に赤を意味する「丹」の字が充てられています。頭が赤いツルを「丹頂(たんちょう)」というのと同じですね。

牡丹とよく似た花に「芍薬(しゃくやく)」があります。どちらもボタン科ボタン属の植物ですが、牡丹は木、芍薬は草に分類されます。「立てば芍薬、座れば牡丹」とは、美しい女性の立ち居振る舞いをたとえたもの。茎(くき)がすらりと伸びた芍薬は立ち姿が美しい女性、枝分かれした枝先に花をつける牡丹は上品に座っている女性。なるほどうまく表現したものです。春牡丹が咲き誇ればいよいよ春も終わり。季節は暑い夏へと移っていきます。

唐獅子牡丹 ●からじしぼたん

百獣の王と百花の王。唐獅子牡丹は吉祥の最強の組み合わせとされる図柄です。無敵とされる獅子が唯一恐れるのは、己の体内に寄生して死に至らしめる「獅子身中の虫」。しかしこの虫は、牡丹からしたたる夜露にあたると死んでしまう弱点をもちます。牡丹の下は獅子の安住の地。一緒にいるかぎり無敵を誇れるわけです。滝沢馬琴の『南総里見八犬伝』に登場する八犬士に共通するのは牡丹の痣。牡丹には強者を守護する魔力があるのでしょうか。

茶摘み ●ちゃつみ

「♪夏も近づく八十八夜……」で知られる茶摘み。歌われている八十八夜は雑節の一つで、立春を起算日として八十八日目にあたります。お茶の葉は冬に養分を蓄え、春になると少しずつ芽を出し始めます。この芽吹いたばかりの茶葉で作った新茶（一番茶）は、多くの栄養やうま味成分を含み、最も上等とされています。昔から八十八夜に摘まれた新茶を飲むと病気にならないといわれます。

お茶の子さいさい、茶化す、お茶を濁す、お茶を挽く。お茶に関わる言葉の多さが、日本人との結びつきの深さを表しています。

八十八夜の忘れ霜 ●はちじゅうはちやのわすれじも

八、十、八の三つの字を組み合わせると「米」になり、また八は末広がりで縁起がよい。さらに八十八夜を過ぎれば天気も安定し、霜も降りることはない。そんな言い伝えから、農家では、「別れ霜」（最後の霜）が降りた頃合いを見計らって農作業を開始してきました。ところが、予期せぬときに遅霜が降りることがあります。これが俗に農家泣かせといわれる「八十八夜の忘れ霜」。遅霜はとりわけ茶業に深刻な被害を及ぼします。ちなみに、五月半ばに発生するのが「九十九夜の泣き霜」。泣いても泣ききれないほど甚大な被害をもたらすそうです。

どんたく ●どんたく

毎年五月三日と四日に福岡市で開かれる「博多どんたく」。観客動員数二百万人超ともいわれる国内最大級の春の祭典ですが、気になるのは、「どんたく」という言葉。実はこれ、オランダ由来の外来語で、日曜日や休日を意味する「zondag（ゾンターク）」からきていて、日本では明治初期から使われだしたようです。一定年齢以上の人になじみ深いのは、「半ドン」（休日の半分）という使い方でしょう。週休二日制が導入される前、多くの学校や職場では、土曜日の午前中は授業や業務があり、午後からが休みでした。土曜日の朝、「今日は半ドンだあ」とうれしく思ったものですが、今では死語になっています。

春にうっとりする

春はあけぼの。やうやう白くなりゆく山ぎは、少し明りて、紫だちたる雲の細くたなびきたる（『枕草子』第一段）。

春は明け方がよい。だんだんに白くなっていく山際が少し明るくなり、紫がかった雲が細くたなびいているのがよい。

当時の京都で春の明け方といったら、今の五時～六時ころでしょうか。早いようですが、宮中で中宮定子に仕えていた清少納言は、早起きだったでしょう。

「春のうららの　隅田川」で始まる童謡『花』（滝廉太郎作詞）の二番目の歌詞「見ずやあけぼの露あびて　われにもの言う桜木を　見ずや夕ぐれ手をのべて　われさしまねく青柳を」は、『枕草子』を念頭に作詞されたと言われています。

また、この歌の三番目には「げに一刻も千金の」という歌詞が出てきますが、こちらは、蘇軾の詩『春夜』の「春宵一刻値千金」（春の宵は趣深く、そのひときは千金にも値する）を踏まえたものと思われます。あけぼのがよいという人と、宵がよいという人と。あなたの好きな春はどちらでしょう？

みずみずしい夏 叙情の日本語

立夏 りっか
小満 しょうまん
芒種 ぼうしゅ
夏至 げし
小暑 しょうしょ
大暑 たいしょ

立夏(りっか)

5月5日頃

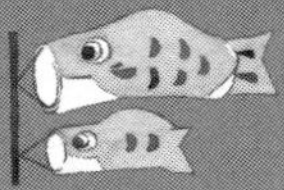

穏(おだ)やかな陽光。晴れ渡った空。薫風(くんぷう)に新緑のきらめき。一年で最もさわやかな「初夏」の到来です。暦(こよみ)の上ではこの日から立秋の前日までが夏になります。日差しは強いものの、気温はさほど高くなく、農作業や屋外でのレジャーを楽しむには格好の季節です。

初候

かわずはじめてなく【蛙始鳴】

5月5日～5月10日

代掻(しろか)きや畔塗(あぜぬ)りを終えた田んぼに水が引かれると、冬眠から目覚めた蛙(かえる)たちが産卵のために集まってきます。蛙は、「無事かえる」、「お金がかえる」につながることから縁起がよいものとされてきました。いっぽうで、漢字で虫偏に「圭(けい)」と書くのは、けーけーと鳴くから。生まれてから他の場所に移動しても必ず元の場所に「帰る（カエル）」から。真偽定(しんぎさだ)かならぬ伝承(でんしょう)も豊富です。俳句では次の句が思い浮かびます。

「やせ蛙　負けるな一茶　これにあり」。一茶は、生後一か月で亡くなった長男・千太郎をはじめ、計四人の子供を幼少期に失っています。やせ蛙（ヒキガエル）を病弱だった子供に重ね、命乞(いのちご)いのために詠(よ)んだとする説があります。

蝌蚪 ●かと

初夏の田んぼではおたまじゃくしが元気に泳ぎまわっています。俳句の世界では、おたまじゃくしを「蝌蚪（かと）」、ヌメヌメした袋に入った卵を「蝌蚪の紐（ひも）」または「数珠子（じゅずこ）」と呼んでいます。カエルの鳴き声には、オスの求愛の声、危険を知らせる声、縄張り宣言の声などがあり、目の後ろにある鼓膜（こまく）で聞き分けています。

カエルにとっては重要な情報のやり取りも、人間の耳には喧（かまびす）しいようで、「蛙鳴蟬噪（あめいせんそう）」は、騒（さわ）がしいだけで何の役にも立たない、無駄な議論や下手な文章をたとえた四字熟語です。

端午の節句 ●たんごのせっく

端午の節句は、奈良時代に中国から伝わった「五日の節会（せちえ）」（菖蒲（しょうぶ）で邪気（じゃき）を払う宮中の儀式）と、日本の農村で旧暦五月五日に行われていた「葺（ふ）き籠（こも）り」（早乙女が田植え前に菖蒲で屋根を葺（ふ）いた小屋にこもって身を清める神事（しんじ））が習合（しゅうごう）したものが起源とされています。本来、女子の祭りだったものが、鎌倉以降の武家社会において、尚武（しょうぶ）と菖蒲をかけて男子の祭りとしての色合いを強め、江戸時代に入って男子の節句に。兜（かぶと）や武者人形を飾り、鯉幟（こいのぼり）を立てる儀式が庶民にも広まって現在に至っています。端午は、月の端（はじめ）の午（うま）の日という意味で、午と五が同じ発音であることから、五月の最初の五日を端午の節句として祝うようになりました。

甍 いらか

「♪甍の波と雲の波……」。子供の日が近づくと、音楽の時間に必ず歌った『こいのぼり』。当時は、「甍」の何たるかも知らずに大声を張り上げていました。甍は「苛処＝高く尖っている部分」を語源とし、一般には屋根瓦や瓦葺きの屋根のことを指します。

鴨長明の『方丈記』の冒頭に「軒を並べ、甍を争へる」と出てきますが、これは甍の高さを競い合うように家がぎっしり立ち並ぶ様子を表しています。

粽 ちまき

粽は、もち米やうるち米などで作った餅を笹などの葉で巻き、円錐や三角に形づくってイグサで縛ったもの。端午の節句に食べるようになったのは、中国戦国時代の政治家（詩人）・屈原の故事に由来しています。陰謀により失脚した屈原は、五月五日、川に身を投じます。村人は川に供物を投じて供養しようとしますが、龍に奪われ、屈原のもとに届かない。そこで、龍が嫌う楝樹の葉でもち米を包み、邪気を払う五色の糸で縛って投じたところ、無事に届くようになったといいます。粽が日本に伝わったのは奈良時代です。

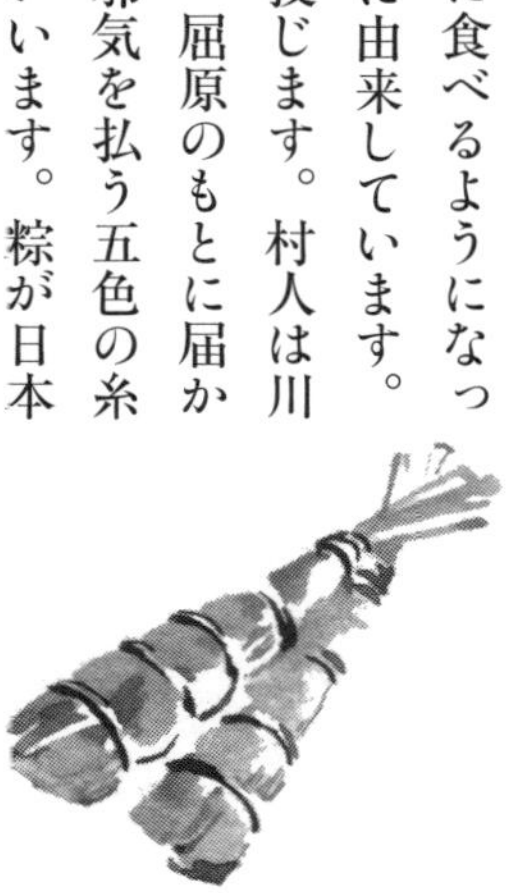

次候

みみずいづる【蚯蚓出】

5月11日～5月15日

他の生物に遅れて冬眠から目覚めたミミズが土の中から這い出てくる時期です。

「蚯蚓」は「みみず」と読みますが、「蚯」にはとくに字義がなく、「蚓」だけでもみみずと読みます。「体を丘のように盛り上げたり引き伸ばしたりしているように見えるから」、「体を引いて通った跡が丘のように見えるから」など、漢名の由来には諸説あります。同様に、ミミズという和名も、「目見えず」（目が見えない）、あるいは「日見ず」（日光を見ない）からの転訛であろうと考えられています。

ミミズには目も手足もありませんが、光を感知すると、逃げるように土の中に潜る性質があります。その性質は、実に有益で、ミミズが地中で動きまわれば、通り道が植物の生育に必要な空気や水の通路となります。また、土に含まれる有機物や微生物を食べて糞をすれば、窒素やリン・カリウムなどを豊富に含んだ良い土壌が作られます。ミミズが「自然界の鍬」と呼ばれ、農家に歓迎される所以です。

アスファルトの上で干からびたミミズを見かけることがあります。大雨が降って、息苦しくなって出てくるようですが、太陽光の照射でお陀仏になるのだとか……。

初鰹●はつがつお

「目には青葉　山ほととぎす　初鰹」（山口素堂）。季語が重なる難はあるものの、江戸っ子が好んだ初夏の季節感が見事に凝縮された名句です。初物にこだわった江戸っ子が、楽しみにしていたのが初鰹。しかし、「まな板に　小判一枚　初鰹」（宝井其角）と、走りの魚は異常な高値で、現在のお金に換算して一尾十数万円とも数十万円とも。

春から初夏にかけ、黒潮に乗って太平洋岸を北上する初鰹は、秋に南下してくる「戻り鰹」より脂が少なく、さっぱりした味わいです。

更衣●ころもがえ

衣替えの風習は平安時代に中国から伝わり、旧暦四月一日と十月一日に夏服と冬服を入れ替えていました。当時は、衣替えを「更衣」と呼んでいましたが、更衣は天皇の着替えや寝所にも奉仕した女官であり、のちに女御に次ぐ高位になったことから、民間ではこの言い方をはばかり、衣替えに改めたといいます。四月一日と書いて「わたぬき」と読む名字の人がいますが、これは江戸時代、この日に綿入れの着物から綿を抜いたことに由来しています。

なお、俳句では夏の季語として「更衣」の表記が使われています。

薫風●くんぷう

「薫風の候、新緑が眩しい……」。初夏になると、手紙などの時候の挨拶によく使われる「薫風」。読み下して「風薫る」ともいいます。いかにも若葉や青葉の香りを運んでくれそうですが、では、この風はどんなふうに吹くのか。ビュービューでないことは明らかで、あえて他の言葉に置き換えるなら、「そよそよ」が相応しいでしょうか。

実は青葉の季節でも、穏やかでないやや強めの風が吹くことがあります。これを「青嵐」といいます。五月から七月まで、薫風より長期にわたって吹くといわれています。

青葉繁れる●あおばしげれる

薫風と張り合うように、野山の木々は「緑したたる」「若葉萌える」という表現で初夏の到来を主張します。これらと似たことばに、私が好きな「青葉繁れる」があります。季語ではありませんが、井上ひさしの小説のタイトルでお馴染みでしょう。この作品は宮城県の仙台が舞台。「日本一の名門校・日比谷高校」から「東北一の名門校・仙台一高」に転校してきた主人公が、クラスメイトと悲喜こもごもの青春劇を繰り広げます。仙台一高は作者の母校であり、一年先輩に菅原文太、通学路の同じ通り沿いには第二女子高校（現・仙台二華高校）があり、ここで学んでいた若尾文子をモデルにしたヒロインが登場します。

末候

たけのこしょうず【竹笋生】

5月16日〜5月20日

「竹笋」は中国語に由来し、「笋」の一字で「たけのこ」を意味します。日本では、「筍」や「竹の子」と表記するほうがなじみ深いですね。

たけのこは、竹の地下茎から出てくる芽の部分を指します。幾重にも薄皮で覆われているのは、イノシシなどの外敵から身を守るためと考えられています。

たけのこの節目には生長点があり、それぞれが同時に生長するため、ピーク時には一日八十〜百センチ、それこそ破竹の勢いで伸びるといいます。その過程で皮が一枚ずつはがれ、およそ一か月で脱皮が完了。最終的には、約六十個の節をもつ高さ約二十メートルの「竹」に生長します。

私たちが春先の三月〜四月ごろに食べているのは、中国原産の孟宗竹です。これに対し、五月中旬のこの時期に出まわるのが日本原産の真竹で、えぐ味が強いことから苦竹とも呼ばれます。ところで、竹は木なのでしょうか、草なのでしょうか。一見すれば木のようですが、中が空洞で年輪もないため、学説が分かれています。竹の花の開花周期は六十年〜百二十年に一度といわれます。生きているうちに一目見たいものです。

えぐ味 ●えぐみ

筍(たけのこ)は掘りたてが一番美味で、掘ってから時間が経つほど「えぐ味」が強くなるといいます。さて、このえぐ味、外国人には理解されにくい日本特有の表現の一つです。この正体は灰汁(あく)で、筍の場合はシュウ酸やホモゲンチジン酸という成分が犯人。取り除くには、カルシウムやアミノ酸を多く含んだ米ぬかや重曹(じゅうそう)を入れた水で茹(ゆ)でるのがよいとされています。

えぐ味に漢字を充てると「蘞味」または「醶味」。形容詞は「えぐい」。もとの意味は、えがらっぽい。転じて、すごい、超かっこいい、どぎつい、しんどい……。エグい若者たちによく使われています。

五月病 ●さつきびょう／ごがつびょう

入学や就職、異動、一人暮らしなどの新しい生活が始まったのち、五月に入ると、やる気が出ない、食欲がない、眠れないといった心身の変調が起こり、学校や職場へ行く気が失(う)せ、ひきこもりがちになる人が増えます。医学的には、適応障害(てきおうしょうがい)やうつ病などと診断されます。

激しい受験競争や就職戦争を勝ち抜いたあとの「燃えつき症候群」ともいわれ、一九六〇年代末から七〇年代にかけて流行語にもなりました。現在は通年の病気になったせいか、五月病という名はあまり聞かれなくなりました。

三社祭　さんじゃまつり

三社祭は東京・浅草神社の例大祭。夏祭りの初陣を切って五月第三週の金・土・日に行われます。浅草神社の主祭神は、檜前浜成・竹成という漁師の兄弟と長者の土師真中知。六二八（推古三十六）年の三月十八日、兄弟が宮戸川（隅田川の古称）の底から網を引き揚げると、聖観世音菩薩像が引っかかっており、これを祀るために真中知は出家して浅草寺を建立。彼の没後、三者を祀ったのが浅草神社（三社権現）。三社祭の名もこれにちなんでいます。三社祭は、街を練り歩く御輿担ぎが花形で、江戸時代は旧暦三月十八日に行われていました。

鮎＝香魚　あゆ

六月の声を聞くと、各地からアユ釣りの解禁情報が届いてきます。投網や簗、友釣り、鵜飼いなど、「清流の女王」に対しては、さまざまな漁法があります。魚偏に「占」と書くのは、神功皇后が鮎を釣って戦の勝敗を占ったからとも、縄張りを独占する魚だからとも言われます。『古事記』や『日本書紀』にはアユを「年魚」とする表記が見られます。

中国語で鮎はナマズを意味し、いわゆるアユの場合は、日本でもおなじみの「香魚」と表します。鮎は夏の季語ですが、若鮎は春、落ち鮎は秋、そして稚魚の氷魚は冬と、四季を通じて俳人に親しまれています。

小満

5月21日頃

あらゆる生命がもつ成長のための原初の力が増し、天地に満ちあふれていく時期です。山野の草木は葉の色を濃くし、梅は実をつけ始めます。農家では秋に蒔いた麦の穂が順調に育ってホッと一安心。ここから「小満」と呼ばれるようになったともいわれます。

初候

かいこおきてくわをはむ【蚕起食桑】

5月21日～5月25日

蚕が旺盛な食欲で桑の葉を食べ始めるころです。卵から孵化した蚕は、一齢から四齢まで脱皮と休眠を繰り返し、五齢になると大量の桑の葉を食べ、それから糸を吐いて繭を完成させます。蚕は新鮮な桑の葉しか食べず、しかも最後の一週間は不眠不休で食べ続けるため、一日に何度も補給しなければなりません。

桑の葉を採っては与え、採っては与えということを繰り返すので、卯月（現在の五月ごろ）は「木の葉採月」とも呼ばれ、また、蚕が桑の葉を食べるときに出すけたたましい音は、雨が屋根を打ちつける音に似ていることから「蚕時雨」といわれます。

養蚕は戦前まで農家の四割が携わる日本の主要産業でした。蚕は暮らしを支える大切な生き物であり、家畜扱いされたため、数え方も一匹二匹ではなく、一頭二頭と数えます。近代日本の最大輸出品だったシルクですが、その生産を支えたのは、『あ、野麦峠』でも知られる貧しい農家出身の糸取り工女たち。彼女たちの郷里である飛驒では、養蚕が盛んに行われていました。世界遺産に登録された白川郷の合掌造りは当時の名残を随所にとどめています。

豆飯 ●まめごはん

「すき嫌ひ　なくて豆飯　豆腐汁」（高浜虚子）。この時期には関西地区に出まわり、多くの家庭で昆布だしに塩・酒などで薄く味付けした豆ごはんが食卓に上ります。使用する豆の名は「うすいえんどう」。色が薄いのか、薄っぺらいのか……と思いきや、うすいえんどうは、グリンピースと同じように、さやから出した実を食べるエンドウ豆の仲間で、その名は明治時代にアメリカから輸入・栽培した大阪府羽曳野市の「碓井」に由来するといいます。

五段雷 ●ごだんらい

ドン！ドン！ドン！朝っぱらから耳をつんざくような大音響。「今日はやりますよ〜」と三寸玉（三号玉）を使った打ち上げ花火が、春の運動会の実施を告げてきます。足の速い子は「やった」と小躍りし、運動音痴の子は布団の中で歯ぎしり。打ち上げ花火の連続三回鳴るものを「三段雷」、五回なら「五段雷」。懐かしさが込み上げてきます。

水鶏 ●くいな

水鶏はツル目クイナ科の鳥の総称で、このうち夏に飛来するヒクイナは、五月から八月の繁殖期に戸を叩くように高い声で鳴くのが特徴です（和名の由来は、「クヒ」と「な」く）。

その鳴き声は、たとえば『源氏物語』（明石）では、「くひなのうちたたきたるは、誰が門さしてとあはれにおぼゆ」、また『徒然草』には、「五月、菖蒲ふく比、早苗とる比、水鶏の叩くなど、心ぼそからぬかは」と、多くの古典作品や詩歌に取り上げられています。

鯛網 ●たいあみ

広島県福山市の鞆の浦。「鯛網」は、この瀬戸内海の穏やかな沖合で行われる約三百八十年の歴史をもつ伝統漁法です。外洋で越冬した鯛が豊後水道・紀伊水道を抜けて産卵のために集まってくる初夏。これを待ち構えて一網打尽にしようとしたのが鯛網の始まり（江戸初期までは地引網漁が主流）とされています。各船が協力して鯛を網の中へ追い込み、「エット、エットー、ヨーイヤサンジャー」の掛け声で網を引き上げます。

次候

べにばなさかう【紅花栄】

5月26日～5月30日

紅花が花盛りとなるころです。紅花は、咲き初めのころは鮮やかな黄色をしていますが、咲き進むにつれて赤みを増し、紅色へと変化します。原産地はエジプトといわれ、古代エジプトの時代からミイラを包む布の染料(せんりょう)などに用いられてきました。

日本にはシルクロードを経由して飛鳥(あすか)時代に伝来。江戸時代中期以降、今も国内の最大産地である山形県の最上(もがみ)地方で広く栽培されるようになりました。日本の特産をランクづけした「諸国見立相撲番付(しょこくみたてすもうばんづけ)」によれば、「最上紅花(べにばな)」は東の関脇(せきわけ)に位置づけられ、西の「阿波(あわ)の藍玉(あいだま)」とともに江戸時代の二大染料として人気を二分しています。

紅花に含まれる色素のうち九十九パーセントが黄色で、残り一パーセントが紅色ですが、花が黄色いうちに摘み取り、水に晒(さら)して乾燥する工程を繰り返すと、水溶性の黄色い色素が水に溶け出し、紅色の色素(不溶性)だけが残ります。紅色(べにいろ)をより濃く出すための「紅餅(べにもち)」は、花を発酵(はっこう)・乾燥させてつくりますが、非常に手間暇(てまひま)かかることから値が張り、紅餅から作られる口紅も富裕層の使用に限られていたようです。

紅花は、茎(くき)の末端(まったん)に咲く花を摘み取ることから、「末摘花(すえつむはな)」とも呼ばれます。『源氏物語』(第六帖)を通じて、光源氏が鼻の赤い女性を紅花になぞらえてつけたあだ名だと記憶している人もいるでしょう。あだ名の主は不美人に描かれていますが、源氏を一途に想ったため、さすがの色男も心打たれ、生涯にわたって愛情を注いでいます。

千団子祭 ● せんだんごまつり

千団子祭りは、滋賀県大津市の園城寺（通称三井寺）の護法善神堂で毎年五月中旬の土・日（以前は五月十六日〜十八日）に行われる六百年以上続く伝統的な祭礼です。護法善神は、鬼子母神と呼ばれる女神で、自身は千人の子供をもちながら、人間の子供をさらって食べる鬼神でした。これを見かねた釈迦が、女神の最愛の末子を乞食に用いる鉢に隠したところ、半狂乱になって慟哭。ただ一人の子を失う親の悲しみはいかばかりか。釈迦の説諭に心から反省し、以後、仏教に帰依して千人の子供を守ることを誓ったといいます。

千団子祭りはこの故事にちなむもので、祭礼期間中は、神前に串刺しにした千個の団子が供えられるほか、境内では植木市の開催や、亀の甲羅に子供の名前と年齢を書いて池に放つ放生会が行われます。いずれも子供の安産育成と無事を祈願するものです。

郭公 ● かっこう

カッコウは夏鳥で、「種蒔き鳥」の異称をもつように、農作業の開始時期（五月）に合わせて日本に飛来してきます。全長三十五センチほど。細身で全体が灰色。腹に黒い横縞があります。カッコウといえば「托卵」。自分では巣を作らず、ホオジロやモズなど、他の鳥の巣に卵を産んでヒナを育ててもらいます。カッコウのヒナは早く孵化し、仮親の卵を巣の外へ放出する習性があります。いったい何を〝たくらん〟でいるのかといえば、いうまでもなく、自分だけが餌にありつき成長するためです。「郭公」の漢字は中国語に由来し、カッコーカッコーと鳴くことから付けられています。「閑古鳥が鳴く」の「閑古鳥」もカッコウのことを指します。「郭公の　鳴きたるあとに　鴉鳴く」（山口青邨）。カ〜カ〜。

草笛●くさぶえ

緑の豊かな夏。子供のころは道端の草を摘み取って、友達とよく草笛を吹いて遊んでいました。笹の葉やイタドリの葉、タンポポの葉など、どこにでも生えているものを利用し、葉に直接唇をあてて吹いたり、筒形に丸めて吹いたり。上手な子はピ〜ピ〜と高音の澄んだ音を出して簡単な曲まで奏でていましたが、下手な子はブーともブフォーともつかぬ空気音ばかり。しまいには怒って放り投げていました。

草笛は夏の季語。平安時代の子供たちも、この自然物の玩具で遊び、当時は「草刈り笛」と呼んでいました。「草笛の　つひに鳴りたる　夕日かな」（加藤楸邨）。私は一日がかりで吹けるようになりました！　この気持ち、わかりますか？

末候

むぎのときいたる【麦秋至】

5月31日～6月5日

秋に蒔かれ、冬を越した麦の穂がたわわに実るころです。初夏の眩い陽光の下、黄金色にきらめきながら風に揺れる麦の穂波は、米が実る秋の情景を思わせ、まさしく「麦の秋」といえます。

麦は世界で最も多く栽培されている穀物です。日本でも弥生時代中期から栽培が始まり、今日まで米とともに主食の一角を占めてきました。鎌倉時代以降、米の裏作（二毛作）として広く普及しますが、当初は、寒さと乾燥に強く、粒食が可能な大麦の栽培が主で、お粥にしたり、挽いた粉を平焼きのパンなどにして食べていたようです。現在主流になっている小麦の生産量が大麦を超えるのは、二十世紀に入ってからだといいます。

小麦はグルテンというたんぱく質を、大麦はホルデインというたんぱく質と食物繊維を多く含んでいます。両者からそれぞれの特質を生かした食品が生まれ、日本を世界有数の消費国に押し上げています。小麦は、パン、麺、菓子などの原料に。大麦は、六条大麦と二条大麦に大別できますが、前者は麦飯や麦味噌、麦茶。後者は麦芽からビールやモルトウイスキーが、麦麹からは本格焼酎が造られます。

卯の花 ●うのはな

「♬卯の花の　匂う垣根(かきね)に〜」。唱歌『夏は来ぬ(き)』の冒頭に出てくる卯の花は、アジサイ科のウツギの花の別称で、五月〜六月に白い小さな花を咲かせます。旧暦の四月の異称(いしょう)「卯月(うづき)」はこの花名に由来しています。

いっぽう、豆腐の搾(しぼ)りカスである「おから（雪花菜）」も卯の花と呼ばれます。その白っぽいプツプツした感じが卯の花に似ているからとも、おからの「から」が「空っぽ」を連想させるのを嫌(きら)って美名の卯の花を用いたともいわれます。卯の花が満開になるころは、梅雨(つゆ)の季節。卯の花を朽(く)ちさせるほど降る長雨のことを「卯の花腐(くた)し」といいます。

漁火 ●いさりび

百万ドルといわれる函館(はこだて)の夜景。津軽(つがる)海峡に目を転じると、夜の海を煌々(こうこう)と照らす灯(あか)りの連なりが目に入ります。この、もうひとつの美しい夜景を現出(げんしゅつ)させているのが、毎年六月一日に解禁されるイカ漁の「漁火」です。漁火は、夜間の漁で獲物(えもの)をおびき寄せるために焚(た)くかがり火のことで、もとは松明(たいまつ)を燃やしていました。『万葉集』にも「能登の海に釣する海人の射去火(いざりひ)〜」とあり、この射去火が転じて「いさりび」になったともいわれています。

蚕豆●そらまめ

ほくほくとした食感で初夏の訪れを感じさせるソラマメ。漢名の「蚕豆」は、さやの形が蚕(かいこ)(繭(まゆ))に似ていることに由来しますが、さやが空に向かって上向きにつくため「空豆」と書くこともあります。茹(ゆ)でても、さやごと焼いても、揚げてフライビーンズにしても、ビールのおつまみにピッタリ。ソラマメの中でもとくに大きくふっくらとしたものを「お多福豆(たふくまめ)」といいますが、顔だけでなく腎臓(じんぞう)の形にもそっくりといわれています。ちなみに『ジャックと豆の木』に登場する豆はカスタノスペルマムと呼ばれ、ソラマメとは別種の豆のようです。

枇杷●びわ

昔は家の庭先でよく見かけたビワも、今では高級果実の仲間入り。それでも旬(しゅん)(五月〜六月)を迎えて店頭に並ぶと、つい手に取ってみたくなります。日本一の産地は、茂木(もぎ)びわなどで知られる長崎県(約三割)。寒さに弱いため、九州、四国、和歌山、房総半島など、温暖な地での栽培が盛んです。ビワの和名は葉や実の形が楽器の琵琶(びわ)に似ていることからつけられていますが、漢名の「枇杷」は中国語(ピィーパァー)に由来しています。中に大きな種が数個あり、果肉は三割ほど。食べるところが少ないという声もありますが、ほんのりとした甘さは独特のものです。葉や種子(しゅし)は生薬(しょうやく)として民間療法にも用いられています。

芒種（ぼうしゅ）

6月6日頃

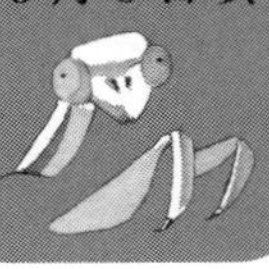

芒（のぎ／ぼう）とは、米や麦などイネ科の植物の穂先（ほさき）にあるトゲ状の突起（とっき）のこと。そんな芒のある穀物の種を蒔く時期を芒種といいますが、実際の種植えはすでに終わって、あとは生育を待つばかり。さわやかな新緑の季節は過ぎ、梅雨の時期へと向かいます。

初候

かまきりしょうず【螳螂生】

6月6日～6月10日

秋に産みつけられた蟷螂（とうろう）（＝かまきり）の卵が次々と孵化（ふか）するころです。カマキリの卵は、卵鞘（らんしょう）というスポンジ状の卵嚢（らんのう）の中にありますが、気温が高くなるこの時期にいっせいに孵化して外に出てきます。その数ざっと二百匹あまり。幼虫は七～八回脱皮を繰り返し、その過程で小さな昆虫や小動物を捕食しながら成長します。

カマキリが捕らえるのは生きている虫などに限られ、死んで動かないものは餌（えさ）として認識しません。カマキリは交尾中や交尾後にメスがオスを食い殺すことがありますが、それは動くものを餌と認識する性質によるだけでなく、近年の研究では、オスを食べたメスの産卵数が多いことから、オスの組織を卵の栄養源にして子孫繁栄につなげているのではないかと考えられています。

「蟷螂の斧」という故事成語があります。両鎌を高く持ち上げ、自分より大きな車の進行を遮ろうとする勇敢な姿を活写したものですが、自分の力量もわきまえず、強者に立ち向かう無謀さを揶揄する言葉として使用されています。

田植え たうえ

かつて田植えは、初夏にあたる芒種の時期に行われていました。田の神を祭る大切な行事とされ、お囃子と田植え歌に合わせて苗を植えつけていました。田植えの担い手は、「早乙女」と呼ばれる若い娘たちで、葺き籠り（81ページ参照）をして身を清めた後に田に入り、苗代から取り分けた「早苗」を植え替えていきました。絣の衣に赤い襷掛け。一列に並んで田植えをする姿は、各地の「御田植まつり」で目にするだけになりました。

棚田 たなだ

棚田は、山あいの傾斜地に一枚一枚、階段状に作られた水田のこと。とくに一望の下に見渡せる大規模のものは、千枚田と呼ばれています。同じ階段状でも、畑であれば段々畑。棚田の風景は、郷愁を誘うまさに日本の原風景であり、水を張った春の田植え時期や稲穂の揺れる秋の収穫時期は出色の美しさを呈します。過疎化や高齢化で失われつつある棚田を保全しようと、農林水産省は全国一三四地区の棚田を「日本の棚田百選」に認定しています。

紫陽花 ●あじさい

紫陽花の開花は六月から七月、ちょうど梅雨の時期と重なります。「紫陽花」は、唐の詩人白居易が別の紫の花に付けた名ですが、平安時代の学者・源順が間違ってこの漢字を充て、誤用が広まったと考えられています。花に見える部分は装飾花と呼ばれ、萼が発達したものです。青、紫、赤、白など、さまざまに変色するため「七変化」、また、四枚の葩をもつので、「四葩」の別名もあります。紫陽花に魅せられたシーボルトは故国に持ち帰って、愛した「お滝さん」にちなんで「オタクサ（otaksa）」と命名しました。

蝸牛 ●かたつむり

カタツムリは陸上で暮らすようになった巻貝の仲間。殻を背負っていないのがナメクジ。昔はどちらも「ナメ」と呼んでいたのが、カタツムリは時代ごとに呼び名を変えて、百通りまでに増やしています。「蝸牛」という漢名は、「渦を巻いた殻を持ち、牛の角のような触角を持つから」。また、「でんでんむし」は「出出虫」が変化した方言で、子供が「（殻から）出よ、出よ」と囃したからなどと言われています。

次候

くされたるくさほたるとなる【腐草為蛍】

6月11日～6月15日

夏は夜。月のころはさらなり。やみもなほ、蛍の多く飛びちがひたる。また、ただ一つ二つなど、ほのかにうち光りて行くもをかし……。蛍が水辺の草むらから舞い、ほのかな光を放ちながら夏の闇夜を幻想的に照らす、まさに『枕草子』の一節が目に浮かぶ季節です。腐草は、文字通り、腐った草(くさ)のことですが、「くちくさ」と読むと蛍を意味します。蛍は地中で蛹(さなぎ)になり、羽化(うか)して地上に現れますが、昔の人はそれを見て、腐った草が化けて蛍になると信じていたようです。

蛍は発光を自由に制御(せいぎょ)でき、オスとメスは光のやり取りを通して、「婚活」をします。オスが飛びながら小刻(こきざ)みに発光すると、草の上で待機するメスがピカーッと応答(おうとう)してオスを誘い、意気投合(いきとうごう)すると点滅しながら交尾に至るという次第です。日本では四十種以上の蛍が知られていますが、その中でもゲンジボタルとヘイケボタルがとくに有名です。どちらの名前も源平合戦(げんぺいかっせん)を戦った源氏と平家にちなんだものですが、前者は『源氏物語』の光源氏に由来するという説もあります。ゲンジボタルの寿命は、地上に現れてからせいぜい二週間。この間、(口が退化したため)餌(えさ)を食べず、水だけを摂取(せっしゅ)します。

入梅●にゅうばい

立春から数えて一三五日目にあたる旧暦五月上旬（新暦では六月十一日ころ）を「入梅」といいます。梅雨入りのことですが、なぜ「梅」の字が充てられ、「つゆ」というのかは定説がなく、たとえばこんな説が挙がっています。①揚子江流域で、梅の実が熟する季節だから。②梅の実が熟して潰れる時期だから「潰ゆ＝つゆ」。③中国で「黴雨」と表記していたが、黴では語感が悪いので「梅」に……。

入梅と出梅（＝梅雨明け）は、年や地域によって変わります。一九九五年、（あまり当たらないせいか）気象庁が「梅雨入り（梅雨明け）宣言」を廃止したことを記憶している人もいるでしょう。抗議が殺到したため二年後に復活し、お蔵入りにならずに済みました。

出水●でみず

出水は、梅雨時の集中豪雨によって河川の水かさが増して氾濫すること。今ではまるで恒例行事のように日本各地を襲う現象と化しています。昔はこの対策として蛇籠が編まれたため、「蛇籠編む」は夏の季語になっています。この蛇籠とは、竹や太い針金を筒状に編み、中に河原石や砕石などを詰めた、いわば土嚢のことで、形が蛇に似ているから蛇籠と呼び、昔はこれで梅雨の出水が人家や田畑に及ばないよう護岸を補強したのです。

江戸山王祭 ●えどさんのうまつり

江戸山王祭は、千代田区にある日枝神社の神幸祭で、正式名を「日枝神社大祭」といいます。三代将軍・徳川家光の時代から山車や神輿の行列が江戸城内に入ることを許され、以来、将軍も上覧（見物）する「天下祭」となり、江戸神田の神田祭と勢力を二分してきました。江戸三大祭りの中でも、氏子域が広範囲におよぶため「神輿深川、山車神田、だだっ広いが山王様」といわれています。当日は、山車の神幸行列が皇居、四谷、丸の内、日本橋、銀座、新橋のルートを巡行します。

桜桃忌 ●おうとうき

六月十九日は、小説家・太宰治の忌日である桜桃忌。毎年この日、墓のある三鷹市禅林寺で法要が営まれます。一九四八年六月十三日、太宰（当時三十八歳）は、東京三鷹市を流れる玉川上水に入水自殺。遺書には「小説を書くのがいやになったから死ぬのです」。桜桃忌の名付け親は、太宰と親交の深かった同郷の今官一（『壁の花』で第三十五回直木賞を受賞）。晩年の短編小説『桜桃』にちなんで命名したといいます。太宰の墓の向かいには、彼が尊敬してやまなかった森鷗外の墓もあります。泉下で文学談議に花を咲かせているでしょうか。

末候

うめのみきばむ【梅子黄】

6月16日〜6月20日

青かった梅の実が熟して黄色に色づくころです。奈良時代に中国から伝来した梅は、花の観賞用というよりはむしろ梅の実を食する目的が大きかったようです。鎌倉時代には梅干しが武士や僧侶の間に縁起物として広まり、戦国時代には、梅干しに米粉や砂糖を練り合わせた「梅干丸」が携帯食として重宝されました。戦場で梅干しのすっぱさを想像して喉の渇きを癒やすこともあったようです。

江戸時代には庶民の食卓にも上るようになり、とりわけ紀州産のものが喜ばれました。その評判は今日に引き継がれ、梅の生産量は和歌山県が断トツです。梅の実は、青梅の状態から黄色く熟すまでおよそ一か月かかります。実が硬いうちに収穫する青梅は梅酒や梅シロップなどに向き、黄色に熟した梅は梅干しに適しています。とくに完熟して枝から落ちた実は、ホシ（軸）を取り除く手間が省けるため、作業が楽です。

私たちは、ものごとの進捗状況や体の具合などを聞かれたときに、「いい塩梅です」と答えることがありますが、これは昔、料理を塩と梅酢で調えていたことに由来します。いい塩梅は「いい味加減」、つまり「よい具合」というわけです。

梅仕事●うめしごと

その年に収穫した梅の実で梅干しや梅酒などを作ることを「梅仕事」といいます。昔から梅は、三毒（血の毒、水の毒、食の毒）を断ち、朝食べるとその日の難を逃れられると言い伝えられてきました。とくに梅干しには数え切れない効能があります。豊富に含まれているクエン酸は新陳代謝を促し、乳酸を燃焼させて疲労を回復。強い殺菌作用で食中毒を防止。胃酸の分泌を促進して食欲を増進。腸の蠕動運動を活発にして腸内環境を改善。他にも肝機能強化や血液浄化作用など、生活習慣病を予防する数々の働きがあるといいます。

五月晴●さつきばれ／五月雨●さみだれ

五月晴は、旧暦五月（現在の六月）の梅雨時に見られる晴れ間のことをいいます。しかし、最近はこれが誤用され、新暦五月の「すがすがしい晴れ（ごがつばれ）」の意味で使われることが多くなっています。誤用が一般に普及・定着すると、辞書もその使用を認めて採録せざるを得なくなるのはいつものパターンです。

いっぽう、同じ五月を冠した「五月雨」は、今も「梅雨、長雨」という本来の意味を失っていないようです。一度に終わらず、いつまでもだらだらと長引くことのたとえにも使われ、五月雨式に開かれる会議にうんざりしている人も多いのではないでしょうか。

桜切る馬鹿、梅切らぬ馬鹿 ●さくらきるばか、うめきらぬばか

梅にまつわることわざは多々ありますが、これもその一つ。桜は下手に枝を切ると、切り口から腐朽菌が入って枯れてしまう。また、古い枝を温存しないと花が咲かない。だから切らないのがよく、「切るのは馬鹿」。いっぽう梅は、古い枝はすぐ枯れてしまうので積極的に剪定して新しい枝を伸ばすのがよい。つまり、「切らないのは馬鹿」。桜の枝を切ることと、梅の枝を切らないことは「対処法を誤った愚かな行為」であるという戒めで、「切る」には「伐る」の字が充てられることもあります。とはいえ、樹木医によれば、このことわざは必ずしも当たらない、とのことです。

せせらぎ ●せせらぎ

せせらぎは、軽やかに流れる水の音。川の流れが浅瀬で波打っている様子を表しています。また、小川（小さな流れ）そのものを指す場合もあります。せせらぎから、どんな音をイメージするでしょうか。童謡の『春の小川』のように「さらさら」でしょうか。日本では、四万十川（高知県）、長良川（岐阜県）、柿田川（静岡県）が三大清流として知られています。なかでも四万十川は本流にダムがなく、鮎をはじめ二〇〇種類以上の魚が棲息しています。手つかずの自然が多く残され「日本最後の清流」といわれます。

夏至（げし）

6月21日頃

夏至は、「日永（ひなが）」ともいわれ、日の出から日の入りまでの時間が一年で最も長い日です。農家では繁忙期（はんぼうき）にあたり、この日から数えて十一日目の半夏生（はんげしょう）のころが田植えを終える目安になっています。ジメジメしたこの時期を乗りきれば、本格的な夏がやってきます。

初候

なつかれくさかる【乃東枯】

6月21日～6月25日

乃東（だいとう）が枯れていくころです。乃東はシソ科ウツボグサ属の多年草で、日あたりのよい草地や田んぼの畔（あぜ）などに群生します。冬に芽を出し、初夏に紫色の花を咲かせますが、夏至のころに花穂（かすい）が黒ずんで枯れたように見えることから、「夏枯草（かごそう）」と呼ばれています。また、花穂の形が「靫（うつぼ）」（＝武士が弓矢を入れて持ち歩いた用具）に似ていることから、別名を「靫草（うつぼぐさ）」ともいいます。

「夏枯草」は、欧米でも「heal-all（ヒールオール＝すべてを癒（い）やす）」と呼ばれているように、洋の東西を問わず、生薬（しょうやく）に用いられることが主目的の植物です。そのため、漢方名として覚えている人もいるでしょう。

その生薬は、花穂が黒ずみ始めたころに摘（つ）み取り、日に晒（さら）して作りますが、煎（せん）じて飲むと利尿効果や腎炎・膀胱炎などの消炎効果が得られるといいます。また捻挫や腫物などの湿布薬やうがい薬としての効用もあるようです。春に若葉を摘めば、酢のものや和えものにして、美味しく食べられます。

釣忍●つりしのぶ

「話すこと　なくとも愉し　釣忍」（鈴木真砂女）。竹や棕櫚の皮などを芯にしたものに苔を巻き、ウラボシ科のシダ植物「しのぶ」を這わせた「しのぶ玉」。これを軒先などに吊したものが「釣忍」です。釣忍は日本古典園芸の一つであり、江戸中期に庭師がお中元として得意先のお屋敷に配ったのが起源とされています。涼しげな葉を茂らせますが、魔除けの意味をもつ風鈴を下げることで夏の風情がよりいっそう増します。

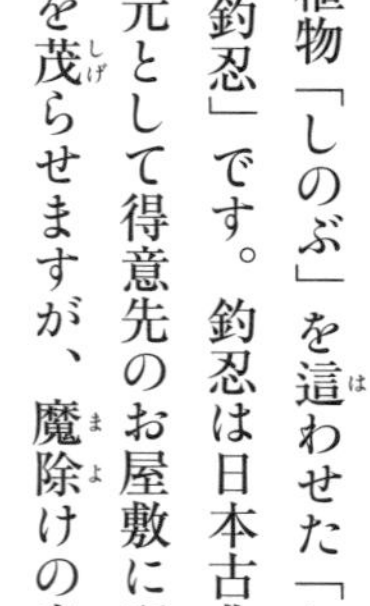

宵待草●よいまちぐさ

「♬待てど暮らせど来ぬ人を　宵待草のやるせなさ　今宵は月も出ぬそうな」。竹久夢二作詞の『宵待草』。題材となった「マツヨイグサ（待宵草）」は、六月〜八月に花径三〜五センチの黄色い花を咲かせます。夕方に花開き、翌朝にはしぼんでしまう一日花です。夢二は、二十七歳のとき、千葉県銚子市の海鹿島町を訪れ、旅館に投宿。その隣の家の娘に一目ぼれします。しかし、恋は実らず、翌秋に再訪したときには、すでに他家の嫁に。待てども来ない人。儚い恋。宵待草に仮託した原詩は、のちに唱歌となって開花しました。

短夜 ●みじかよ

短夜は、短い夏の夜のこと。夜の時間は春分の日から徐々に短くなり、夏至にいたって最も短くなります。夜が短くなったと意識するのはどんなときでしょうか。いつまでも暮れない夕方でしょうか。それともしらじらと明けるのが早くなった朝方でしょうか。

かつて夜は、一日の始まりで聖なる神の時間とされ、祭りや神事は夜に行われていました。「あした」は翌日でなく、「朝（夜明け）」を意味し、これ以降が人間の活動時間。短夜を嘆いていないで、働け、働けという声が天上から聞こえてきそうです。

辣韮 ●らっきょう

甘酢漬けでおなじみのらっきょうは、ユリ科ネギ属の多年草で、漢名の「辣」は辛い、「韭」はニラを意味し、別名を「オオニラ」「サトニラ」といいます。鳥取、鹿児島、宮崎で約八割を生産しますが、福井県三里浜の「花らっきょう」も昔から有名。カレーの添え物の定番ですが、戦前に帝国ホテルが列車食堂でピクルスに代えて出したのが最初とされています。

次候

あやめはなさく【菖蒲華】

6月26日〜7月1日

菖蒲の花が美しく咲き、水辺を華やかに彩るころです。「菖蒲」という漢字を「あやめ」と読めば、目に浮かぶのは紫色のあでやかな花。「しょうぶ」と読んだら、端午の節句の菖蒲湯に用いるサトイモ科の植物を指すことになります。

「いずれあやめかかきつばた」とは、甲乙つけがたいほど素晴らしいことのたとえ。「アヤメ」と「カキツバタ（杜若）」はともに美しく、素人には区別がつきにくい花です。これに「ハナショウブ（花菖蒲）」が加わろうものなら、もうお手上げ。いずれもアヤメ科の植物ですが、開花時期はアヤメが五月上旬、カキツバタが五月中旬〜六月、ハナショウブは六月〜七月中旬です。この点からすれば、この候であやめと読み下している菖蒲は、ハナショウブと解釈するのが適切でしょう。愛好家によれば、見分け方がいくつかあり、たとえば、花びらの根元に注目すると、アヤメには文目（あやめ）（＝網目（あみめ））の模様、カキツバタには細い白線、ハナショウブには黄色い菱形（ひしがた）模様とのこと。

「から衣（ころも）　きつつなれにし　つましあれば　はるばる来ぬる　たびをしぞ思ふ」。折り句（おりく）の技法で詠（よ）んだ在原業平（ありわらのなりひら）の歌です。隠れている花は三つのうちのどれかわかりますか。

夏越の祓 ●なごしのはらえ

昔の朝廷では旧暦六月と十二月の晦日に文武百官が朱雀門の前に集まり、罪や穢れを祓う「大祓」の儀式を行っていました。一年を二回に分け、六月の晦日を「名越し」(旧暦の夏の終わりにあたるので「夏越し」とも)、十二月の晦日を「年越し」として締めくくっていたのです。夏越の祓には、「撫物」と「茅の輪くぐり」の二種類があります。前者は、紙の人形に穢れを移し、それで体を撫でてから水に流す儀式。後者は、神社の境内に茅を巻き付けた竹の輪を置き、それをくぐることによって身の穢れを祓う儀式です。

月下美人 ●げっかびじん

昭和天皇が皇太子時代、訪問先の台湾で目を奪われた花がありました。その名を駐在大使に尋ねたところ、「月下の美人です」。これが花名の由来とされています。月下美人は、サボテンの一種で、六月から十一月に直径二十センチほどの白い花を咲かせます。ピンクがかった蕾のときは下を向き、開花が近づくにつれ上向きとなり、開花日には大きく膨らんで、ジャスミンに似た上品な香りをあたり一面に放ちます。

月下美人の英語名は「夜の女王(a queen of a night)」。花を咲かせるのはたった一晩。その後はしぼんでしまいます。美人薄命とは、この花のためにあるような言葉です。

水無月 ●みなづき

旧暦六月の異称「水無月」。今の六月下旬〜八月上旬にあたり、梅雨の時期を挟むのに、なぜ水の無い月なのでしょう。実は、「無」は、「の」を意味する連体助詞の「な」。つまり「水の月」であり、十月の神無月も同様に「神の月」と考えるのが正しいようです。それとは別に、田植えが終わって田んぼに水を張る「水張月」、田植えが終わって皆やりつくした「皆仕尽」に由来するといった説もあります。京都では夏越しの祓が行われる六月三十日に「水無月」を食べる風習があります。白い外郎の上に甘く炊いた小豆をのせて三角形に切り分けた和菓子で、過ぎた半年の穢れを祓い、迎える半年の無病息災を祈念して食べるといいます。

水芭蕉 ●みずばしょう

水芭蕉は、緑の葉の間から白い仏炎苞が伸び、それが中心部にある芯のような花「肉穂花序」を包み込んでいるのが特徴です。和名は、葉の形がバショウ（芭蕉）の葉に似ていて水辺に生えることに由来します。唱歌『夏の思い出』に歌われているように、〝夏が来れば思い出す〟花の一つですが、尾瀬沼で実際に開花するのは五月末ころです。「仏炎といふ白マント水芭蕉」（山口青邨）。俳句では、もちろん夏の季語です。

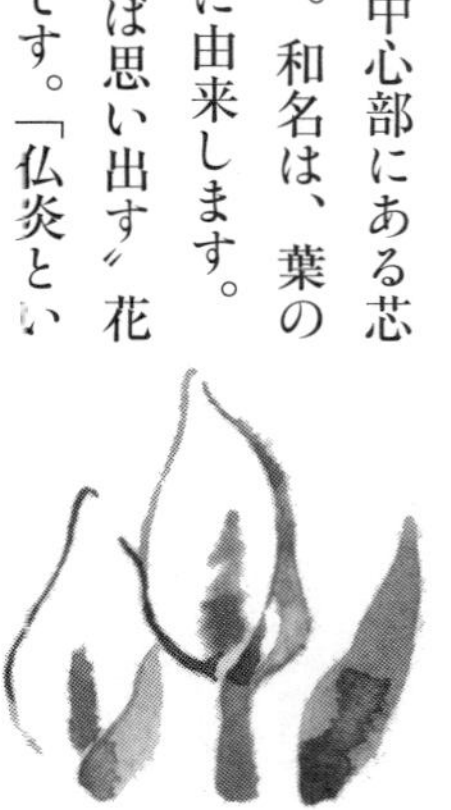

末候

はんげしょうず【半夏生】

7月2日～7月6日

山道や畑地などに「半夏」が生え始めるころです。半夏はサトイモ科の「カラスビシャク（烏柄杓）」という薬草の別名で、夏の半ばに花が咲くことからこの名が付けられています。少し混乱しそうですが、この半夏とは別に「ハンゲショウ（半夏生）」というドクダミ科の植物も存在し、むしろこちらのほうがなじみ深いかもしれません。

半夏生は、水辺や湿地に自生し、この時期に白い穂状（すいじょう）の花をたくさんつけますが、同時に、葉の表面の下半分が白粉（おしろい）を塗ったように白く変色します。このため、「半化粧」と表記したり、「カタシログサ（片白草）」と呼んだりすることもあります。

そもそも半夏生という花名は、葉が変色する時期が雑節（ざっせつ）の一つである半夏生（夏至から数えて十一日目）に重なることに由来しています。農家にとっては大切な節目の日で、「半夏半作」という言い伝えも残っています。どんなに田植えが遅れても、半夏生の前に終えなさい。そうすれば平年の半分は収穫が保証されますよ。ハンゲという妖怪が徘徊（はいかい）するからこの時期に農作業をしてはいけないと戒（いまし）めている地域もあります。梅雨も半ば（なか）。雨を眺（なが）めながらゆっくりするのがよいかもしれません。

蛸 たこ

半夏生に食べるものは「タコ！」。関西にはそんな風習があるようです。農業とは無関係に見えますが、「植えた稲の根がタコの足のように地にしっかり根付いてほしい」「タコの吸盤のように稲がたくさん実りますように」そんな願いが込められているのだそうです。

タコにはアミノ酸の一種であるタウリンが豊富に含まれています。コレステロールの低下や疲労回復に効果があり、梅雨時のジメジメした湿気に疲れた体にぴったり。時期的にも今が旬のタコをいただくことは理にかなっています。漢字では「章魚」とも書きます。

富士詣で ふじもうで

例年、七月一日は富士山の山開き（吉田ルート）。過去に何度も噴火を繰り返してきた富士山は、昔から人々に畏れられ、ご神体として崇拝されてきました。室町時代には修験者たちが霊力を得るために信仰登山を開始。これが徐々に広まって、江戸時代には「富士詣で」が流行します。しかし、莫大な費用と時間がかかるため、前述した「お伊勢講」と同じように、「富士講」を組織してお金を出し合い、代表者が登拝するしくみを作りました。

富士山を神として祀った浅間神社は全国に約千三百か所。その総本宮である「富士山本宮浅間大社」の奥宮が山頂にあります。

博多祇園山笠●はかたぎおんやまかさ

博多祇園山笠は櫛田神社の奉納神事で、正式名は「櫛田神社祇園例大祭」。例年七月一日から十五日にかけて開催されます。起源は、鎌倉時代の一二四一（仁治二）年。博多で疫病が流行した際、承天寺の開祖・聖一国師（円爾）が祈禱水を撒いて町を清め、疫病退散を祈願したのが始まりとされています。一般の祭りで神輿や山車に相当する山笠（ヤマ）には、鑑賞して楽しむ「飾り山笠」と、舁いて（＝担いで）市内をまわる「舁き山笠」があります。最大の見どころは最終日のフィナーレ。七つの流の舁き山笠と一基の飾り山笠が集結し、市内を勢いよく駆けまわります。集客力は日本最大といわれます。

鮑●あわび

コリコリした歯触りが魅力のアワビ。漢字では「鰒」「石決明」とも書きます。漁の解禁日は全国まちまちですが、アワビは夏の季語。日本人は鮮度を重視しますが、中国料理では干鮑が重宝され、江戸期の長崎貿易では、煎海鼠や鱶鰭とともに高級食材として輸出の柱になっていました。古くは『万葉集』の題材にも使われています。「伊勢の海人の 朝な夕なに 潜くといふ 鮑の貝の 片思にして」。「磯のアワビの片思い」の元になった歌ですが、巻貝の一種でありながら二枚貝の片側に見えることから、片恋の比喩に用いられています。

小暑（しょうしょ）

7月7日頃

じめじめした梅雨も終わり、いよいよ本格的な夏が始まります。この日からのおよそ一か月間は一年で最も暑く、「暑中（しょちゅう）」と呼ばれます。強い日差しとともに気温が一気に上昇するため、体調に要注意。衣食住、涼しさを演出する工夫を取り入れたいものです。

初候

あつかぜいたる【温風至】

7月7日～7月11日

熱気を帯びた温風が吹くころです。温風とは、梅雨明けのころに吹く南風のことで、「白南風（しろばえ）」と呼ばれます。これに対して、梅雨の期間中に吹く風は「黒南風（くろばえ）」といいます。どちらも亜熱帯から吹く暖かい風ですが、スカッとした青空の広がる時期か、どんよりと雲の垂れこめた時期か、空模様の違いから風をも白と黒に色分けしているのです。風は、気圧の差を解消するために発生する大気の流れで、気圧の高い所から低いところに向かって吹きます。

同じ「南風」という表記でも、東日本では、「みなみ」と略して呼ぶことが多く、とくに日本海側などで激しく吹く風を「大南風（おおみなみ）」と呼んでいます。いっぽう、西日本では、南方から吹く湿気をはらんだ風を「はえ」と呼び、海が荒れて不漁につながることから、昔から漁師に嫌われてきました。「五斗喰い風」、「六俵ばえ」は、五斗や六俵という大量の米を食べ終わるまで出漁できなくなるほどの時化をもたらす強い風のこと。五斗は五十升（五百合）、コンビニのおにぎりなら優に千個を超えます。

七夕 ●たなばた

旧暦七月七日は、五節句の一つ「七夕（たなばた、しちせき）。別名を「笹の節句」とも「星祭り」ともいいます。いわゆる天の川の両岸にいる織女と牽牛が年に一度再会する日ですが、七夕祭りは中国から宮中に伝えられた、女性の裁縫の上達を祈願する儀式「乞巧奠」が起源。これに日本の「棚機つ女」（機を織る女性）への信仰が結びついて現行の原型ができたとされています。仙台、平塚、一宮。現在、三市の七夕まつりが「日本三大」とされています。

軒端 ●のきば

「♬ささの葉 さらさら のきばに ゆれる～」。おなじみ、童謡『たなばたさま』。「のきば」とは、なんのことでしょうか。のきばは、漢字で「軒端」と書き、意味はそのまま軒の端。軒は、家の屋根の壁より外側に突き出た部分のことですから、軒端はそのはしっこ（軒口）ということになります。

軒端に飾った七夕飾り。短冊にどんな願い事を書いたのか、今ではすっかり忘れてしまいましたが、♬お星さま　きらきら　空から見ていてくれたことでしょう。

氷室●ひむろ

今のような冷蔵・冷凍設備がなかった時代、天然氷を「氷室」という貯蔵庫に保管して、夏場の利用に備えていました。江戸時代には、毎年旧暦六月一日に加賀藩にある氷室から将軍家へ氷の献上が行われ、江戸庶民はこれを「お氷さまのお通り」と呼んで見守っていました。金沢から江戸まで「下街道」の最短ルートで四八〇キロ。蓆と笹の葉で幾重にも包んだ氷を桐箱に入れ、大名飛脚が四人一組で昼夜兼行運び継いだといいます。

朝顔市●あさがおいち

江戸時代に品種改良が進んで珍種の朝顔が市場に出まわり、京都や大坂などで品評会が催されるようになったことが朝顔市の始まりとされています。七月の今ごろから各地で開かれますが、東京では「恐れ入谷の鬼子母神」で知られる真源寺境内の「入谷朝顔市」が人気を集めています。「朝顔や　つるべ取られて　もらひ水」。加賀千代女の有名な句ですが、正岡子規は「俗気多くして俳句といふべからず」とバッサリ切り捨てています。その子規は、入谷にほど近い根岸に住んで、こんな句を詠んでいます。「入谷から　出る朝顔の　車かな」。

次候

はすはじめてひらく【蓮始開】

7月12日～7月16日

池や沼地で蓮の花が開き始めるころです。ハスはハス科の多年草で、水底に根を張り、生長すると長い茎を伸ばして水面に丸い葉を浮かべます。そして七月から八月にかけて淡紅色や白などの花を咲かせます。花は明け方から咲き始めますが、お昼過ぎには閉じてしまいます。三日間これを繰り返し、四日目に花開くとそのまま閉じることなく散っていきます。

落花したあとは、花托と呼ばれる茎の厚くなった部分が大きくなり、その中に実をつけます。「蓮」という漢字が、「連」と「くさかんむり」から成るのは、ハスの実が連なりになって見えるからです。また、穴がたくさん開いた花托が「ハチの巣」に似ていることから、「ハチス」が転じて「ハス」になったといわれています。

「蓮は泥より出でて泥に染まらず」と言われます。俗世にあって、俗世にまみれず。仏教は、悪環境に染まらず清い心で生きなさいと教えています。また、善行を積めば、死後、極楽浄土に往生し、同じ蓮の花の上に生まれ変わるとされます（「一蓮托生」）。結果のいかんにかかわらず、行動や運命を共にする。今はそんな意味で使われています。

あめんぼ　●あめんぼ

蓮池を見ていると、葉の付近をスイスイ滑走するアメンボの姿も目に入ってきます。カメムシ目アメンボ科に属し、体長五ミリから三十ミリ。意外にも肉食系で、魚の死骸なども食べるといいます。水の上をなぜ沈まないでスイスイ移動できるのか。それは、「水の表面張力を利用している」ため。アメンボの名の由来は、捕まえると、飴のような匂いを発するから。漢字で書くと、「飴棒」や「飴坊」。中国語由来の「水馬」や「水黽」の字を充てることもあります。また、別名の「水澄」は江戸期の京での呼び名、「跳馬」は江戸での呼び名です。

祇園祭　●ぎおんまつり

七月一日から三十一日に京都の八坂神社で行われる日本三大祭りの一つ。八六九（貞観十一）年、諸国に流行する疫病の退散を祈願して催された御霊会が起源とされています。当時は、天皇の遊覧場であった神泉苑に諸国の数にちなむ六十六の鉾を立て、水で穢れを祓う禊の儀式を行っていました。現在は、吉符入、神輿洗式、芸能奉納、神事祭、お旅所発興、奉告祭などの構成内容ですが、圧巻は十五日〜十六日の宵山と十七日の山鉾巡行・神輿渡御。七基の山鉾と二十二基の山車が京都市内を巡行します。♬コンチキチン、コンチキチン。コロナ禍では、祇園囃子の鉦の音も、笛や太鼓も鳴りを潜めました。

新子　しんこ

鮨好きにとっての初夏の楽しみといえば「新子」。「新子が初夏を連れてくる」などという人もいます。新子は名前が変わる出世魚で、シンコ→コハダ→ナカズミ→コノシロと成長していきます。つまり、コノシロの稚魚にあたり、生後四か月、体長およそ四~七センチのものを指します。腹部は銀白色、背部はやや緑がかった黒色。サイズが小さいので、お寿司さんでは酢〆めにしたものを数尾まとめて一貫にしています。獲(と)れる期間が約三週間と短いため、値段は少々お高めのレアネタです。

月見草　つきみそう

月見草はアカバナ科マツヨイグサ属の二年草（または多年草）で、夏に花を咲かせます。月夜に咲くから「月見草」。しかし、虚弱(きょじゃく)な質(たち)であるため、現在はほとんど姿を消し、マツヨイグサ（待宵草）を「ツキミソウ」と呼ぶようになっています。ただ、待宵草と月見草は同科同属でも別種の植物で、待宵草が黄色い花を咲かせるのに対し、月見草は夕方から白い花を咲かせ、朝には花びらの縁(ふち)から徐々にピンク色に染まっていきます。太宰治は『富嶽百景(ふがくひゃっけい)』の中で、「富士には月見草がよく似合う」と書きました。

末候

たかすなわちわざをならう【鷹乃学習】

7月17日〜7月22日

鷹のヒナが飛び方や狩りの方法を学び、独り立ちの準備を始めるころです。

タカは、五月ころから松や杉・檜などの樹木の高所に小枝などを積み重ねて営巣し、二〜四個の卵を産みます。その後、約一か月半で孵化し、そこから一か月あまりで親鳥くらいの大きさに成長します。独力で生きていかなければならないため、巣立ちの時期に親鳥からしっかりサバイバル法を学びます。

「能ある鷹は爪を隠す」「トンビが鷹を生む」というように、鷹は優れたものの象徴とされます。獲物を捕獲するときのスピードは時速八十キロにも達するといいます。小鳥や幼鳥はむろん、リスもキツネも、鷹にかかったらひとたまりもありません。

そのため、鷹は古くから狩りに用いられてきました。鷹狩の文化は四世紀半ばに百済から日本に伝わり、仁徳天皇の時代にすでに行われていたことが『日本書紀』の記述からわかっています。以来、鷹狩は天皇家や皇族、武家などの間で盛んに行われ、神事や儀式、スポーツとして継承されてきました。鷹匠は、現在も宮内庁の役職の一つであり、鴨場での狩猟や調教の管理などを担っています。

蚊帳（かや）

夏の夜、枕元にブーンとやってくるかと思えば、脚を出して外で遊んでいるといつのまにか食った足跡を残していく蚊。「蚊帳」の起源は、古代エジプトのクレオパトラの時代まで遡（さかのぼ）るといいます。日本には奈良時代より以前に中国から伝来。戦国時代まで上流階級の贅沢（ぜいたく）品でした。庶民に普及したのは江戸時代。あのお馴染（なじ）みの、萌葱色（もえぎいろ）の網（あみ）に紅の縁取（ふちど）りのついた蚊帳が考案されてからです。昭和後期に網戸のサッシが開発され、一般家庭での需要は激減。蚊帳に蚊遣火（かやりび）という日本古来の情緒は失われてしまいましたが、アフリカではマラリヤ対策に日本の化学メーカーが開発した製品が活躍しています。

蠅帳（はいちょう）

夏は蠅も多い季節です。便利な殺虫剤が普及する前は、もう少し穏（おだ）やかな対策がとられていました。その一つが「蠅帳」です。家具タイプと折り畳みタイプの二種類ありますが、どの家庭にもあったのは後者でした。骨組みにネットを張った四角い傘のようなもので、蠅が寄り付かぬよう卓袱台（ちゃぶだい）の食器（料理）の上にかぶせて使います。もう一つは、「蠅取り紙」です。茶色い粘着性（ねんちゃくせい）のある細長い紙を天井から吊（つ）り下げておくと、蠅がペタペタくっついて、気がつけば一面真っ黒に。両者とも、今なお健在。夏の季語として俳句にも登場します。

土用の丑／土用鰻 ●どようのうし／どようウなぎ

旧暦では、立春・立夏・立秋・立冬の前の十八日〜十九日間を「土用」といいます。年四回ありますが、現在はもっぱら立秋前の夏の土用のことを指し、「土用の丑の日」に夏バテ予防の鰻を食する習慣が根付いています。この仕掛人とされているのが、江戸時代の戯作者・平賀源内。商売不振に悩む鰻屋の親父に打開策を問われ、「土用丑の日、鰻の日。鰻は腎水をなし、生気を強くし、食すれば夏負けすることなし」。このキャッチコピーが当たって千客万来の繁盛店に一変したといいます。

虫干し ●むしぼし

虫干しは、湿気やカビ・虫の害を防ぐために衣類や書籍・調度などを陰干しして風を通すこと。起源は中国の「曝涼」で、平安初期に正倉院や各寺院でこれを取り入れ、仏像や経典などに施したといいます。虫干しは「土用干し」とも呼ばれ、梅雨明けのカラッと晴れた日の午前十時〜午後三時にするのが最適とされています。

たとえば、私が好きな本の場合、大敵はコナチャタテ（別名本しらみ）や紙魚など、湿気やホコリを好む虫です。死骸や糞はアレルギーの原因にもなるので、直射日光があたらない風通しのよい場所で陰干しして取り除くことが大切です。

大暑

7月23日頃

梅雨明け直後の一年で最も暑くなる時期です。大暑と聞くだけで汗が噴き出しそうですが、この日から祭りや花火大会など、夏らしいイベントも盛りだくさん。水分・栄養・冷気の補給に気を配って熱中症や夏バテを防ぎ、エネルギッシュに夏を謳歌したいものです。

初候

きりはじめてはなをむすぶ【桐始結花】

7月23日～7月27日

桐は、五月ころに淡い紫色の花を咲かせ、盛夏を迎えるこの時期に卵の形をした三センチほどの実を結びます（「結実」でなく「結花」となっているのは、この時期すでに翌春に咲く花のつぼみをつけているためです）。固く口を閉ざした実は、冬を迎えるころに二つに割れ、中に詰まっていた翼のついた種子を風に乗せて飛散させます。どこにでも生え、切っても切ってもキリがない。これが名前の由来だとする説もあります。

古来、高貴な木とされてきた桐は、家紋や紋章の意匠に取り入れられ、皇室や日本政府のほか、五百円硬貨などにも使われています。また桐は、中にたくさんの空隙があって材質が軽く、断熱・防湿機能も高いため、箪笥や木箱・飯櫃など、日用のいろいろな用途に使われています。中でも桐箪笥は和箪笥の代名詞ともいえ、昔は女の子が生まれたら桐を庭に植えて箪笥を作り、嫁入り道具に持たせたといわれています。火事にあっても、水をかけておけば中の衣類に延焼しないといわれるほど燃えにくく、さらに、タンニンなどの成分を含んでいるため防虫効果もあります。

片陰 ●かたかげ

暑い夏の昼下がり、家屋や塀などの片側にくっきりと現れる日陰のことを「片陰」といいます。同じように葉の繁った木の下にできるのが「緑陰」。どちらも、涼味にあふれた美しい響きの日本語ですが、都心では、高層ビルの下にできる小暗い空間に涼味や風情を感じることはありません。むしろ寒々とした感覚を覚え、やはり日差しあっての日陰でしょう。

打ち水 ●うちみず

「打ち水」は、涼をとるために庭先や路上などへ水を撒くことで、この場合の「打つ」には、撒き散らす、撒きかけるという意味があります。打ち水すると、蒸発するときの気化熱で周りの温度を下げることができます。また、水で地面を湿らせておくと温度が上がりにくくなり、その上を通る風も涼やかになります。ヒートアイランド現象に悩む東京では、同じ日時に都民がいっせいに打ち水したらどうなるか、効果を検証する社会実験を始めています。

心太●ところてん

つるっとした喉越(のどご)しがたまらない「心太」。なぜこんな漢字を充てるのでしょう? 原料である天草(てんぐさ)は紅藻類(こうそうるい)の一種。煮るとドロドロに溶け、冷めると煮こごる藻(も)であることから、「凝海藻(こるもは)」といい、これからできる製品を「こころふと」と呼んで「心太」の漢字を充てていたようです。時代の変遷とともに、こころてい、こころてんなどと呼称を変え、江戸時代に「ところてん」に落ち着いたといわれます。

蟬時雨●せみしぐれ／空蟬●うつせみ

蟬がいっせいに鳴き始めると、いよいよ夏本番。大音量の鳴き声を時雨(しぐれ)にたとえた表現が、「蟬時雨」です。芭蕉(ばしょう)の有名な句も浮かんできます。「閑(しず)さや 岩にしみいる 蟬の声」。なぜ「閑さや（なんて静かなんだろう）」なのでしょうか。おそらく、響きわたる蟬の声に比して立石寺(りつしゃくじ)（山形）のある森の静寂さが際立ち、芭蕉自身、この世とも思えぬ無我(むが)の境地に吸い込まれていったのではないでしょうか。同じ蟬を使った「空蟬(うつせみ)」は、この世に生きている人を表す「うつしおみ（現人）」から転じたことばで、「蟬の抜け殻(がら)」という意味。美しい大和言葉です。

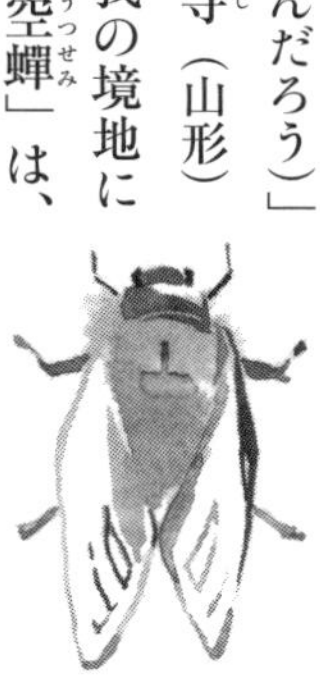

次候

つちうるおうてむしあつし【土潤溽暑】

7月28日〜8月1日

熱気が土中の水分を蒸発させて蒸し暑くなるころです。「土潤溽暑」の溽は、蒸し暑いことを意味し、溽暑は旧暦六月の異名にもなっています。土からのぼってくるムッとした熱気は「土熱れ」、草の繁みから生ずるむせるような匂いは「草熱れ」。どちらも、子供のころから馴染んできた日本ならではの夏らしい現象です。

気象庁は、最高気温が25℃以上の日を「夏日」、同じく30℃以上の日を「真夏日」、35℃以上になると「猛暑日」、さらに夜になっても最低気温が25℃以上の日を「熱帯夜」と定めています。

猛暑、炎暑、激暑、厳暑、極暑、熱暑など、日本には暑さを強調する言葉がめじろ押しです。なかでも極め付きと思えるのが、「油照り」ではないでしょうか。炎天のカラッとした灼けるような暑さではなく、薄曇りで風がなく、じっとしていても汗の滲み出るようなじりじりとした暑さ。まさにこの時期を象徴するような言葉です。

なぜ「油」なのか由来はよくわかりませんが、「油」には「さかんに湧き起こる」という意味もありますから、ガマの油のようにタラタラ流れる汗からの連想かもしれません。

夕涼み ●ゆうすずみ

「夕涼み よくぞ男に 生まれけり」（宝井其角）。暑かった一日がようやく終わり、涼しい風が吹き始める夕暮れどき。エアコンなどなかった時代、入浴や行水でさっぱりしたあと、浴衣姿で縁側に座って団扇を仰ぎながらホッとひと息。あるいは、縁台を庭先や路地に出して縁台将棋。そんな「夕涼み」の光景が方々で見られました。江戸時代の其角も同様、浴衣をはだけて、涼しい風にあたっていたのでしょう。当時の女性は、浴衣といえど人前で着崩すのはもってのほか。「男冥利に尽きるなあ」の心情がもろに伝わってきます。

線香花火 ●せんこうはなび

日本情緒たっぷりの線香花火。元は公家の遊びに用いられ、手に持つのではなく、線香のように香炉の灰に立てて観賞したことから、こう呼ばれます。開発されたのは江戸時代前期で、構造的には「すぼ手」と「長手」の二種に大別できます。前者は、藁でできた柄の先に黒色火薬（硝石・硫黄・炭）を付けたもので、先を上向きにして使います。後者は和紙の先端に黒色火薬を包み込んだもので、先を下向きにして使います。燃え方には段階別に花などに見立てた美称がつけられています。①蕾（着火後にできる小玉）、②牡丹（火花が飛び出す）、③松葉（火花が激しく飛び散る）、④柳（火花が低調になる）、⑤散り菊（消える直前）。火玉が燃え尽き、ポトン。誰が一番長くもたせるかを競った経験もあるでしょう。

海月●くらげ

ゆら〜りゆら〜りと波間を漂う不思議な生き物くらげ。海で泳いでいると何げに近寄ってきてチクリ。痛みや腫れがなかなか引かないことも。くらげの語源は、目がないように見えるから「暗気」とも、まるい容器の「輪筍」に由来するとも言われています。漢字で「海月」や「水月」と書くのは、海（水）に映る月に似ているから。「水母」は語源がよくわかっていません。「波ゆきて 波ゆきて寄る 海月かな」（高野素十）。

夕凪●ゆうなぎ

夕凪は、海と陸の気温差により、海風から陸風へ切り替わるときに起こる現象（無風状態）で夏に多く見られます。凪という字は、「かぜかんむり」に「止」と書き、穏やかな海のイメージが湧いてきますが、これは日本で独自に作られた国字の一つです。

日本では、瀬戸内の夕凪（夕景）がよく知られ、私もその美しさをたびたび目にしています。ただ当地の人に言わせれば、「（無風なので）蒸し暑くてたまらない」。このため、「油凪」と呼ぶこともあるそうです。朝に無風になるのが「朝凪」。逆に、強風が吹いて海が逆巻けば「時化」。人との関係と同じで、海も波風立たぬのがよろしいようです。

末候

たいうときどきにふる【大雨時行】

8月2日～8月6日

夏特有の激しい雨が降るころです。一天にわかにかき曇ったと思いきや、雷鳴とともにザーッと降り出す一過性の局地的な雨。暑い夏の日の夕方によく見られるこうした雨を「夕立」といい、「驟雨」とも呼びます。夕立は、「夕方に降る雨だから」と思われがちですが、そうではありません。突然の激しい雨のことを「彌降り立つ雨」といい、これが縮まって「やふたつ」→「ゆふだち」に転訛したとされています。

抜けるような青空にむくむくと湧き上がる入道雲。そこへ時ならぬ夕立。雨上がりには、暑気が払われた土が匂い立ち、ひとときの涼感がもたらされます。昨今は、夕立という言葉を耳にすることが少なくなりました。代わりに台頭してきたのが、「ゲリラ豪雨」。水害や多数の犠牲者を想起させ、風情のかけらもありません。

歌川広重の『名所江戸百景』の中に「大はしあたけの夕立」という絵があります。隅田川に架かる大橋を渡っていた人々が突然の雨に慌てている様子が描かれていますが、斜めに走る細かい雨の線が墨の濃淡で見事に表現され、ゴッホが模写したことでも知られています。

入道雲　にゅうどうぐも

上空に冷たい空気の層、地上に暖められた空気の層。その気温差が大きいと強い上昇気流が発生し、むくむくと発達した雲の峰ができます。それが夏を象徴する「入道雲」（積乱雲）です。名前の由来は、「雲の形が坊主の頭に見えるから」。積乱雲の中には「無毛雲」といって、雲頂が丸く、毛羽立っていない種類もあるそうで、まあ、手っ取り早い話、「蛸入道」の顔を連想したほうがわかりやすいかもしれません。関東では坂東太郎、大阪では丹波太郎とユニークな呼称がつけられています。

ねぶた　ねぶた

ねぶた祭りは、毎年青森県内で八月二日から七日にかけて行われる夏の一大イベント。青森市では「ねぶた」、弘前市では「ねぷた」と呼ばれます。笛や太鼓の囃子と踊り手から成る数十組の集団が、武者などを描いた灯籠屋台を引きまわして街中を練り歩きます。「はね」と呼ばれる踊り手が、ラッセラー、ラッセラー（やっつけろの意味）と、掛け声を唱えて舞い踊ります。この「ねぶた」の名前の由来は諸説ありますが、七夕のころに行われる睡魔を追い払うための行事「眠り流し」が転訛したという説があります。

ステテコ●すててこ

夏の着衣の定番といえば、男性なら浴衣(ゆかた)、甚平(じんべい)、作務衣(さむえ)といったところでしょうか。しかし、忘れてならないのが「ステテコ」です。昭和のおやじたちが共有した夏の定番ファッション。ゆったりとして穿(は)き心地がよく、どの家庭でもこの格好でゴロゴロする姿が見受けられました。

もはや過去の遺物(いぶつ)かと思っていましたが、どっこい、今は見直されてブームになっているようです。しかも対象が広がり、若い男女用などは、一見、長めのトランクスのようです。「捨ててこ、捨ててこ」。明治初期、三代目三遊亭圓遊(さんゆうていえんゆう)が演じた芸中のことばが語源になったとも言われています。

潮騒●しおさい

潮騒は、潮が満ちるときの寄せては返す波の音。騒(さわ)がしい音かと思いきや、三島由紀夫(みしまゆきお)は自身の同名小説の中で「潮騒が、海の健康な寝息(ねいき)のように規則正しく寧(やす)らかに聞こえる」と記述しています。同じ海から聞こえてくる音でも、「海鳴り(うみなり)」は、遠雷(えんらい)のような轟音(ごうおん)をともなったものです。この時期に発生する「土用波(どようなみ)」のような大波が海岸近くで崩(くず)れ、巻き込まれた空気が圧迫・噴出(ふんしゅつ)して発生するといいます。

夏にうっとりする

夏は夜。月のころはさらなり、闇もなほ、蛍の多く飛びちがひたる。また、ただ一つ二つなど、ほのかにうち光りて行くもをかし……（『枕草子』第一段）。

夏は夜がよい。月が明るい（満月の）ころはいうまでもなく、闇夜もまた、蛍が多く飛び交っているのがよい。また、ほんの一匹か二匹、微かに光りながら飛んでいくのも面白い。

清少納言という人は、満月の日も闇夜の日もよいと言ってみたり、蛍がたくさん飛んでいるのも少し飛んでいるのもよいと言ってみたり、いっけん定見がないようですが、気に入っているものは、あれでもこれでもいい、というのは人の自然な感情です。夏の夜の蛍に心惹かれる点に異論をはさむ人はいないでしょう。夏の夜は蛍以外にも虫が多く、自ら発光する蛍と違い、人間が作り出した光に誘われて集まってきます。昔は蠟燭の火に近づいて大やけどする虫も多くいました。「飛んで火に入る夏の虫」。自ら進んで危険に飛び込むことのたとえです。

みずみずしい 秋 叙情の日本語

立秋 りっしゅう
処暑 しょしょ
白露 はくろ
秋分 しゅうぶん
寒露 かんろ
霜降 そうこう

立秋

8月7日頃

秋来ぬと　目にはさやかに　見えねども　風の音にぞ　おどろかれぬる（古今和歌集／藤原敏行）。平安時代にこんな歌が詠まれたのが、秋立つ日でした。暦の上では今日から秋。時候の挨拶も「暑中」から「残暑」見舞いに変わります。

初候

すずかぜいたる【涼風至】

8月7日～8月12日

「涼風至る」どころか、ムシムシした日本の初秋は、熱中症予防のためにもエアコンが欠かせません。しかし、そんな文明の利器がなかった時代から、日本人は少しでも暑さを凌ごうと工夫を重ねてきました。「風鈴」もその一つです。チリンチリンという涼やかな音を聞くと、心なしか涼しくなった気がします。ところが、それは不思議でも何でもないようです。日本人の場合、風鈴の音を聞いただけで、脳が勝手に「風が吹いて涼しい」と解釈し、末梢神経に働きかけて皮膚の表面温度を下げるのだそうです。しかも、この条件反射は、長年風鈴の音に慣れ親しんできた日本人特有のもののようです。

風鈴にはさまざまな材質や形状があります。ガラス製では絵柄も涼しげな江戸風鈴。鉄製ではチーンと高く澄んだ音の出る岩手県の南部風鈴。姫路市の明珍火箸風鈴は、金属製の火箸を四本吊り下げた独特の形状をしており、厄除けに用いられます。七月〜八月は全国各地で風鈴市や風鈴祭が開催され、涼を求める人たちで賑わいます。しかし、悲しいかな、昨今は風鈴の音にカーッと熱くなってしまう人も少なくなく、住宅密集地での騒音トラブルが絶えないとか。時代もずいぶん変わったものです。

搗ち割り ●かちわり

暑い盛りに行われる夏の高校野球大会は、文字通りの熱闘甲子園。選手はもちろん、応援する観客も炎天下で熱く盛り上がります。強い日差しに噴き出る汗。このとき一服の清涼剤となるのが、甲子園名物の「かちわり」です。砕いた氷をビニール袋に入れてストローで飲む商品で、「搗ち割る」と「勝ち」をかけてネーミングされたといいます。金魚すくいのビニール袋から発想を得て作ったところ、特大の「ヒット」につながったそうです。

中元 ●ちゅうげん

中元は、古代中国の道教の宗教行事「三元」に由来します。道教では、一月十五日を上元、七月十五日を中元、十月十五日を下元と呼び、それぞれの日にゆかりの神様を祀る風習がありました。このうち、地官大帝（土地や赦罪などを司る神）を祀る中元の行事が仏教の盂蘭盆会と結びついて、日本の「お中元」(贈答の習慣)に発展したとされています。

お中元を贈る時期は、七月中か八月中か地方によって大きく分かれますが、立秋の前日までなら「暑中御見舞」、立秋を過ぎたら「残暑御見舞」とします。本来は持参して直接手渡すのがよく、また一回きりでなく毎年継続して贈るのがマナーとされています。

八月大名 ●はちがつだいみょう

農作業で多忙な日を送っていた農家にとって、陰暦の八月は農閑期にあたり、くつろげる骨休めの期間でした。稲や作物が実るのを待つ間、法事や結婚式を行う家も多く、連日招き招かれ饗応に与っていました。このように、つらい農作業からしばし解放され、おいしいものもたくさん食べられたことから、「八月大名」という言葉が生まれました。

よさこい ●よさこい

毎年、八月九日から四日間にわたって開催される高知の「よさこい祭り」は、徳島の「阿波踊り」と並び称される四国の二大イベントです。よさこいは、古語の「夜さり来い」(今夜いらっしゃい)に由来。演舞者約二万人、見物客約百万人が全国(世界)各地から参集します。一九五四(昭和二十九)年、経済振興・地域おこしを願って始まった本場の祭りも、現在は北海道のYOSAKOIソーラン祭りをはじめ、全国規模に広まっています。

次候

ひぐらしなく【寒蟬鳴】

8月13日〜8月17日

寒蟬は、中国で蜩のことを指します。カナカナカナと甲高く鳴くことから、日本では、「かなかな」とも「かなかな蟬」とも呼ばれます。四センチ前後、胴体は茶褐色、羽は透明といった特徴をもち、日本全国に分布します。

アブラゼミやミンミンゼミ・クマゼミなど、蟬の多くは夏の季語となっていますが、ひぐらしは法師蟬（ツクツクボウシ）とともに秋の季語に用いられています。とはいえ、実際に鳴き始めるのは七月の夏至のころからです。

ひぐらしの鳴き声は、日暮れ時（このため「日暮らし」と表記することも）や日の出前、またスギやヒノキの林など、涼しくて薄暗い場所でよく聞かれます。

カナカナカナという哀しげな声は、過ぎ行く夏を惜しんでいるのかというと、そうではありません。オスからメスへの求愛行動、子孫を残すための必死の訴えなのです。

通常、蟬は六年〜七年を地中で過ごし、成虫になってから地上で数週間〜一か月の命を生きます。地上でのわずかな時間を、遊びも怠けもせず、子作りのためだけに費やすのです。

迎え火・送り火 ●むかえび・おくりび

お盆（正式名は盂蘭盆会）は、一年に一度、先祖の霊が家族のもとに帰ってくる時期とされ、盆入りの八月十三日（または七月十三日）には、家の門口などで「迎え火」を焚いてお迎えします。迎え火は、先祖の霊が迷子にならないための目印となるものです。炮烙（＝素焼きの皿）の上で苧殻（＝麻の皮を剝いだ茎の部分）を焚くのが本来の形ですが、盆提灯に灯りをともして目印にするやり方も多く見られます。盆明け（七月十六日か八月十六日）には、「送り火」を焚いて先祖の霊をお送りします。

五山送り火 ●ござんおくりび

送り火の大掛かりなものは、いうまでもなく毎年八月十六日に行われる京都の五山送り火でしょう。夜八時、まず東山如意ケ嶽の「大」文字に点火されると、あとは五分刻みで、松ケ崎西山・東山の「妙・法」、西賀茂船山の「船形」、金閣寺大北山の「左大文字」、嵯峨曼荼羅山の「鳥居形」の順に火が灯っていきます。点灯時間はわずか三十分。夜空にくっきり浮かび上がったオレンジ色が消え去ったあとは、先祖の霊とともに夏をも見送ったような一抹の寂しさを感じます。この伝統行事の起源はいまだ謎のままですが、送り火を盃の酒に映して飲むと、無病息災に功徳があると言い伝えられています。

精霊馬 ●しょうりょううま

精霊馬は、お盆に先祖の霊を送迎する際の乗り物で、キュウリとナスに割り箸や爪楊枝を刺して作る四脚の人形のことをいいます。キュウリは馬、ナスは牛に見立てて作られます。迎え盆に馬を飾る地域では、「なるべく早く帰ってきてね」、送り盆に牛を飾る地域では「供物をいっぱい載せてゆっくり戻ってね」。逆に、迎え盆に「道中をゆっくり楽しんできてね」と牛を、送り盆に「疲れているだろうから早く戻ってね」と馬を飾る地域もあります。

精霊流し ●しょうりょうながし

「精霊流し」は、長崎県をはじめ、熊本県や佐賀県の一部地域でも行われる初盆の行事で、その年に亡くなった故人の霊を「精霊船」に乗せて浄土へ送るものです。海や川に浮かべてしめやかに行われる「燈籠流し」を想起しがちですが、長崎市の実際を見れば、そのギャップに驚くかもしれません。爆竹、花火、鉦の音……。白煙が濛々と煙る市中を遺影や盆提灯・造花などで飾られた全長十メートルほどの精霊船を引いて練り歩くのです。一見、お祭りの山車か行灯行列と勘違いするほどですが、賑やかに故人を送りたいという九州人の粋が伝わってきます。

末候

ふかききりまとう【蒙霧升降】

8月18日〜8月22日

蒙霧升降を「ふかききりまとう」と読み下すのはなかなか難しいですが、濃い霧があたり一面に立ち込め、白く幻想的な世界をつくり出している様子を表しています。まだまだ暑いといっても、朝晩は気温が下がってひんやりとし、霧が発生しやすい頃です。

霧は、地上や水面上の空気が冷やされて凝結(ぎょうけつ)し、ごく小さな水滴となって浮遊(ふゆう)している状態をいいます。同じ現象でも、春は霞(かすみ)といい、秋は霧といいます。また、大気中に浮かんでいるのが雲で、地面に近接しているのが霧。さらに気象学的には、視程(してい)(肉眼で見通せる距離)が一キロ未満だと霧、一キロ以上十キロ未満だと靄(もや)と定義されています。つまり、霧は靄よりも見通しが利かないということです。ついでにいえば、視程が陸上で約百メートル未満、海上で約五百メートル未満になると「濃霧(のうむ)」と呼ぶそうです。このように調べていくと、本当にキリがないですね。

霧には、海霧、山霧、川霧、朝霧、夕霧、夜霧など、発生場所や時間帯などによっていろいろな呼び名があります。『源氏物語』(夕霧)の光源氏、「夜霧よ今夜もありがとう」の石原裕次郎。霧には色男も似合いそうです。

海霧 ●かいむ、うみぎり

海外では、ロンドンやサンフランシスコが「霧の街」として知られていますが、日本では何といっても釧路が有名です。釧路は霧の発生率が日本一で、年間百日前後（とくに夏場）も発生します。釧路の霧は、親潮と黒潮の二つの海流と太平洋高気圧による南風の影響でできた霧が沿岸にまで押し寄せた「海霧」（移流霧）で、地元では、「じり」と呼んでいます。市の中心部、濃霧にけぶる幣舞橋は、夜に街灯が灯ると幻想的な雰囲気を醸しだします。

苫屋 ●とまや

文部省唱歌の『われは海の子』の中に、「煙たなびくとまやこそ 我がなつかしき住家なれ」という一節が出てきます。「とまや」とは、苫で屋根を葺いた粗末な家のこと。また、苫とは茅や菅などで編んだ蓆のことをいいます。昔はこれで小屋や船などを覆い、雨露をしのいだのです。

この唱歌の作詞者・宮原晃一郎は、鹿児島県の出身。十歳で北海道に移住した後、当地で新聞記者になりますが、そのときに作ったのがこの歌だそうです。幼少期に泳いだ鹿児島の海。その磯辺にあった茅葺屋根の我が家。懐かしい日本の原風景が目に浮かんできます。

夏模様 ●なつもよう

井上陽水の『少年時代』を聴くと、私の心にも「夏模様」が甦ってきます。夏休みも終盤に差しかかったこの時期、誰もが自由研究の仕上げに追われていました。いろいろある中で、人気の高かったのが昆虫の標本づくりです。そしてこれに欠かせないのが「昆虫採集セット」でした。ピンセットに注射器、赤い薬液（殺虫液）に青い薬液（防腐液）。カブトムシやセミに注射しながら、ちょっとしたお医者さん気分を味わったものです。白いランニングシャツに半ズボン、麦藁帽子、捕虫網、虫かご。昭和っ子の夏の定番スタイルも今は昔です。

星月夜 ●ほしづきよ、ほしづくよ

これからの季節は空気が澄んで夜空の星もきれいに見えてきます。星の光が月のように明るい夜のことを「星月夜」といいますが、多くの人はこれを「星と月が同時に出ている」と勘違いしているようです。実際には、月は出ておらず、星だけが輝いている夜のことを指すのです。

ところが、「星月夜」というゴッホの絵には、月と星の両方が描かれています。はて、どっちが正しいの？　実は、ゴッホのこの絵は、想像で描かれた風景画とされています。うねるような明るい夜空……。作品には、病んだ心の闇が見え隠れしています。

処暑

8月23日頃

日中は残暑の厳しい毎日ですが、それでも窓に差す光の色や、鼻をかすめる空気の匂いにそこはかとない秋を感じます。子供たちが夏休みの宿題に悪戦苦闘しているいっぽうで、田んぼでは稲が実り始め、叢では秋の虫たちが合唱の準備を始めています。

初候

わたのはなしべひらく【綿柎開】

8月23日〜8月27日

綿はアオイ科の多年草で、夏にムクゲやオクラの花に似た淡いクリーム色の花を咲かせます。花が落下すると緑色の実をつけ、それが大きく膨んではじけると、中から真っ白のふわふわした綿花（＝コットンボール）が現れます。「わたのはなしべひらく」とは、綿の実がはじけて、綿花を摘み取る時期がやってきたということです。

綿は、蚕の繭からとれる真綿などと区別するため、「木綿」とも呼ばれます。日本に伝えられたのは十四世紀ころですが、広く普及したのは戦国〜江戸時代初期で、それまで庶民の着物の素材は麻が主流でした。綿は丈夫で肌触りがよいうえ、吸水性や通気性などにも優れています。

子供のころ、家ではペチャンコになった綿布団を打ち直して再利用していました。天日で干した後の綿布団は、太陽の匂いを含んでふわふわと暖かく、いつまでも顔をうずめていたのを覚えています。残念ながら、日本の綿の生産量は皆無（かいむ）に等しく、ほとんどを輸入に頼っているのが現状です。汗の噴き出る日がまだまだ続くこの時期、手放せないのは、やっぱり「木綿（もめん）のハンカチーフ」でしょうか。

黄昏●たそがれ

なぜ、夕暮れ時のことを「たそがれどき」というのでしょうか。その語源は、「誰（た）そ彼（かれ）」にあります。日が暮れて人の顔が見分けにくくなり、「あなたは（あの人は）誰？」と尋ねたのが始まり。同じように、夜明け前を「かわたれどき」といいます。こちらは「彼（か）は誰（たれ）」が語源です。ちなみに、西の空が茜（あかね）色から藍（あい）色に変わる日没後の時間帯を「逢魔時（おうまがとき）」といいます。魑魅魍魎（ちみもうりょう）が跋扈（ばっこ）し、災禍（さいか）を受けやすいと考えられてきたようです。

鬼灯●ほおずき

ほおずきは、東南アジア原産のナス科の植物。ミニトマトに似た実が、赤く染まった頬（ほお）をイメージさせることから、顔つきなどと同じ言い方で「頬つき」、ホホというカメムシが付きやすいことから「ホホ付き」など、名前の由来は多々あります。日本では、お盆の時期にオレンジ色のガクを提灯に見立てて精霊棚に飾る風習がありますが、それが怪しげな灯りにとらえられ、「鬼灯」の漢字が充てられたともいわれます。

酢橘 ●すだち

秋刀魚や松茸が秋の味覚の主役なら、スダチはそれらを引き立てる名脇役。サッと搾るとさわやかな香りが立ち、酸味とともに食欲を掻き立ててくれます。スダチは徳島県の特産（全国の約九十八％）で、ハウス栽培で通年出荷されていますが、秋口の八月〜十月が旬とされています。語源は「酢の橘」。果汁を食酢として使用していたことからきています。大分県特産のカボスと混同されがちですが、スダチはピンポン玉程度、カボスはテニスボール程度。大きさはずいぶん違います。

枝豆 ●えだまめ

実は枝豆は秋が旬の食べ物で、季語も秋に属しています。また、大豆と同じもので、豆まきのときに炒って使う大豆も、豆腐や納豆の原料になる大豆も、若いときには枝豆だったのです。「枝豆の 粒を押し出す 指の先」（高浜年尾）。「枝豆や こんなものにも 塩加減」（北大路魯山人）。枝豆は秋に甘味とコクが増し、夏よりいっそう美味しくなるそうです。

次候

てんちはじめてさむし【天地始粛】

8月28日〜9月1日

天地始粛の「粛」は、静粛や自粛と同じように、しずまる、つつしむ、よわまるといった様子を表しています。夏の気がようやく落ち着き、連日の暑さにも陰りが見え始めるころです。

北海道のような北国や山間部では、気候が急変し、扇風機からいきなりポータブルストーブに早変わりという事態も珍しくありません。それほど極端でないにしても、夏から秋へ向かう気配が少しずつ色濃くなっていくのは、夏バテ気味の体にはうれしいものです。

季節の微妙な変化は身のまわりの随所で確認できます。たとえば、川を流れる水もそうです。季語にある通り、「水温む」春とは違い、秋口の川からは「水澄む」という清らでさわやかな透明感が伝わってきます。

あと半月もすれば秋雨前線が日本列島を南下し、季節は川が流れるように、北から南へ、山から海へ、より冷涼な空気を各地に運んでいきます。

八朔 ●はっさく

八朔は、八月朔日、つまり旧暦の八月一日を意味します。この日は「田の実の節句」とも呼ばれ、収穫前に田の神様に初穂を献じて豊作を祈願する祭事が各地で行われてきました。また、「田の実」が「頼み」に通じることから、ふだん頼み事をしている相手に、お礼や贈り物をする風習が生まれています。

ちなみに、広島県の因島を発祥地とするみかんの「ハッサク」は、八朔のころに食べられたことから、その名がついたといわれます。

不知火 ●しらぬい

不知火は、遠浅の海がつづく九州の有明海や八代海などで夜間に無数の光が明滅する現象で、蜃気楼の一種とされています。日中に温められた干潟に夜間、冷気が流れ込み、場所によって温度差が生じます。そこへ微風が吹くと空気がレンズの役割を果たし、遠くにある漁船の漁火が異常屈折によって光像をつくる発光現象が起きます。

これが不知火の正体で、温度差の生じやすい八朔のころ、暗闇の夜に多く見られます。九州では正体がわかるまで妖怪の仕業（龍神が灯す怪火）と考え、不知火が発生した日は、龍神の怒りを買わないよう出漁を見合わせたといいます。

野分 ●のわき、のわけ

江戸時代以前、日本では台風のことを「野分」と呼んでいました。字のごとく、野の草を分けて（なぎ倒して）吹くような強風のことをいいます。野分は、『源氏物語』第二十八帖の巻名としてだけでなく、松尾芭蕉の「野分して盥に雨を聞く夜かな」という名句でもお馴染みですね。また、清少納言も『枕草子』の中で、「野分のまたの日（翌日）こそ、いみじうあはれにをかしけれ（趣深い）」と述べています。

馬鈴薯 ●ばれいしょ

馬の首に付ける鈴の形に似ているから「馬鈴薯」。漢名の母国・中国ではマメ科のホドイモのことを指していたようですが、日本では「じゃがいも」の意味。そのきっかけをつくったのが、江戸末期の学者・小野蘭山といわれています。そもそも、日本に渡来したのは十七世紀前後で、オランダ人によってジャワ島のジャガタラ経由で持ち込まれ、当初はジャガタライモと呼ばれていました。

主要品種はアメリカ原産の「男爵」（明治時代にこれを取り寄せ、北海道七飯町の農場で試験栽培した川田龍吉男爵にちなんで命名）と、イギリス原産の「メークイン」（大正時代に渡来。五月の村祭りで村娘の中から選ばれる女王May Queenにちなんで命名）です。

末候

こくものすなわちみのる【禾乃登】

9月2日～9月7日

禾乃登の「禾」は、いね、のぎと読み、稲や麦などの穀物全般を表しています。また「登」は、ここでは「実る」「成熟する」という意味で使われています。

私たち人間が、長引く残暑に辟易としているころ、自然界は季節の移ろいに合わせて着々と姿を変えています。田んぼを見れば、稲穂が黄色に色づき、思わず「実るほど 頭を垂れる 稲穂かな」と口ずさみそうになります。刈り入れまで、あともう少し。米作りの農家にとっては、最も楽しみな時期に違いありません。

しかし、この時期は同時に最も不安な時期でもあります。というのも、二百十日、二百二十日と呼ばれる、台風襲来の魔の時期とも重なるからです。

近年は、温暖化の影響も相まって暴風や豪雨の被害が甚大になり、丹精込めて育てた稲が一瞬のうちに水泡に帰してしまうケースが増えています。最後の最後にこのようなどんでん返しがないように、日本では昔から各地で風を鎮め、五穀豊穣を願う風鎮祭が行われてきました。

二百十日　にひゃくとおか

「二百十日」は、立春から数えて二百十日目の九月一日ころにあたります。例年、台風の襲来時期と重なるため、農家では厄日として警戒してきました。文学好きなら宮沢賢治の『風の又三郎』を思い出すかもしれません。主人公の三郎少年が、小さな村の小学校に転校してきたのが、「どっどど　どどうど　どどうど　どどう」と強い風の吹く九月一日でした。またこの日は、一九二三年に関東大震災が起きた日にあたり、現在は防災の日と定められています。

おわら風の盆　おわらかぜのぼん

全国各地で行われる風鎮祭の行事の中でも、とくによく知られているのが富山県富山市八尾地区の「おわら風の盆」でしょう。越中おわら節の哀調を帯びた胡弓の旋律にのって、町内十一団体の踊り手たちが三日三晩、おわらを踊りながら町内を練り歩いたり（町流し）、舞台上で女踊りや男踊りなどを披露したりします。おわら風の盆は、「とやまの文化財百選」にも選定されており、毎年九月一日から三日にかけて行われます。この間、人口二万人規模の町は、二十万〜三十万の見物客でふくれあがるほどの賑わいを見せるといいます。

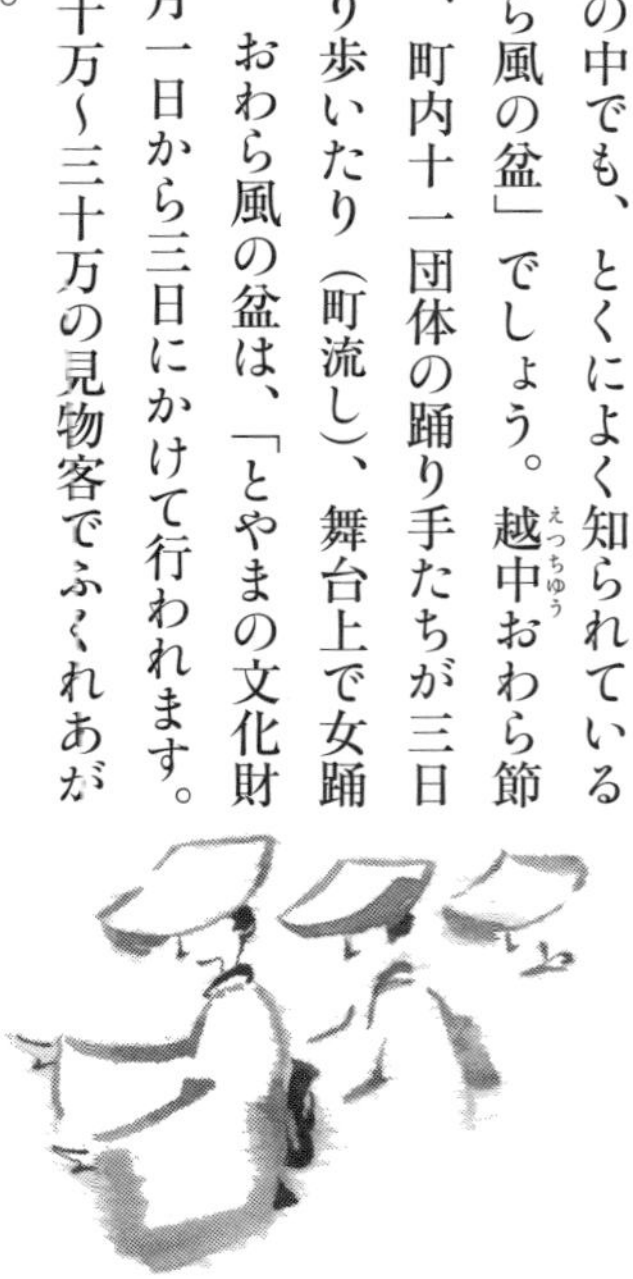

鳴子●なるこ

秋の収穫を待つ農家には、台風（風水害）だけでなく鳥獣害もまた悩みの種です。田畑を外敵から守るため、昔から案山子や鹿威し、鳥威しなど、さまざまな知恵が絞られてきました。鳴子もその一つ。絵馬様の平板に竹筒や木片などを括りつけた防鳥用具ですが、これを麻縄に結わえ、田んぼの稲を覆うように張り巡らして（縄を）引っ張ると、カラカラと音を立てて雀を追い払うことができるしくみです。

百日紅●さるすべり

百日紅は中国南部を原産地とするミソハギ科の落葉高木で、かつては長安の宮廷「紫微宮」にたくさん植えられていたといいます。漢名の百日紅も和名のさるすべりも、ともにユニークですが、名の由来は三つあります。

①ある王子が恋人に百日後にまた会おうと旅立つも、戻ってくると恋人はすでに他界。埋葬された場所から生えた植物に村人が付けた名前が「ヒャクジツコウ」（朝鮮半島に伝わる伝説）。②枝先から次々と新芽が出て百日間花が咲き続ける。③樹皮がツルツルと滑らかで木登り上手のサルも滑って登れない（実際にはスルスル登れるようですが）。開花時期は七月〜十月。枝の先端に円錐形に固まって、紅色やピンク・白の花を咲かせます。

白露(はくろ)

9月8日頃

季節は知らず知らずのうちに夏から秋へと移ろい、朝夕の空気にどことなく涼しさが感じられるころ。早朝、野の草花に目をやると、葉の表面に珠(たま)のような朝露が降り、きらきらと白く光って見えます。

初候

くさのつゆしろし【草露白】

9月8日〜9月12日

「露が降りると晴れ」といわれるように、草の上に結んだ朝露が白く光って見える時節は、高気圧に覆われて良い天気に恵まれます。朝露は空気中の水蒸気が冷やされて凝縮(ぎょうしゅく)し、水滴となって葉の表面などに付着したものです。上空に雲のない晴天の日は、夜間に放射冷却(ほうしゃれいきゃく)が進んで地上の熱がどんどん奪(うば)われるため、最も冷え込む朝方に露を結ぶというわけです。

草の露から「露草(つゆくさ)」を思い浮かべる人も多いでしょう。露草は、早朝に青色の愛らしい花を咲かせますが、日中にはしぼんでしまいます。その姿が、朝に結んで昼に消える朝露を思わせることから、この名がついたと言われます。

ことほどさように、露の命ははかないものです。人の命も同じ。命あるうちは、一瞬一瞬を光り輝いて生きたいですね。

「露のことなど露知らず」と言わず、たまには早起きして散歩に出かけてみてはいかがでしょう。朝露の美しさにハッとし、季節の変わり目を実感できるかもしれません。

月の雫●つきのしずく

月の雫は露の異名であり、秋の季語として俳句でもよく使われます。語源は定かではありませんが、おそらく昔、珠のように光る朝露を月からこぼれ落ちた雫に見立てた粋人（すいじん）がいたのでしょう。「月の雫」といえば、山梨県甲府市の銘菓を思い出します。名産の甲州ぶどうを一粒ずつ砂糖蜜（みつ）でコーティングしたお菓子ですが、口に含むと砂糖の上品な甘味とぶどうの甘酸っぱさが渾然（こんぜん）一体となって、秋の味覚を十二分に堪能（たんのう）することができます。

秋の七草●あきのななくさ

万葉歌人の山上憶良（やまのうえのおくら）は、萩（はぎ）、尾花（おばな）、葛（くず）、撫子（なでしこ）、女郎花（おみなえし）、藤袴（ふじばかま）、朝貌（あさがお）を「秋の七草」に挙げています。このうち、尾花は芒（すすき）、朝貌は桔梗（ききょう）とするのが現在の通説です。

万葉の時代から日本人に親しまれてきたこれらの野草も、都会暮らしの現代人には馴染みのないものになってきました。それぞれの頭文字をとって、「おすきなふくは？（お好きな服は？）」と覚える人も多いようですよ。

女郎花 おみなえし

女郎花は、日あたりのよい川の土手や原っぱなどに自生する野草で、垂直に伸びた茎の先端に無数の小さな黄色い花を房状に咲かせます。女郎花の名は、一説に「おみな圧し」に由来していると言われます。「おみな」はおんな（とくに美女）、「圧し」はその美女を圧倒する様子。つまり、美女をも圧倒するくらい美しい花だということです。

女郎花があるなら、「男郎花」もあると思われるでしょう？　はい、正解です。読み方は「おとこえし」。外見は女郎花とそっくりですが、ひとまわり大きく、白い花を咲かせます。

桔梗 ききょう

桔梗は、紫や青などの五弁の花を咲かせる可憐で気品のある野草です。昔、神仏に捧げて吉凶を占ったことが花名の語源とされています。また、漢字が、木、吉、木、更に分解されることから「更に吉」として、家紋にもよく用いられてきました。

明智氏の旗には「水色桔梗」が染め抜かれており、坂本龍馬の「組みあい角に桔梗紋」も写真で目にします。ただ、光秀は三日天下、龍馬も暗殺。縁起のよい花名とは裏腹に、歴史上の人物には非業の最期を遂げた例が多く、桔梗紋は悲劇の紋と呼ばれることもあります。

次候

せきれいなく【鶺鴒鳴】

9月13日〜9月17日

鶺鴒(せきれい)の鳴き声が聞こえてくるころです。「鶺鴒」という漢字には、部首に「脊」の字が見えますが、これはセキレイが、背筋をピンと伸ばした美しい鳥であることを示しています。

セキレイはスズメ目セキレイ科に属し、かつては北海道や東北などの寒冷地で繁殖し、秋以降に本州へ南下していたようですが、今では四季を通じて、全国各地で見られるようになっています。水辺を拠点にして昆虫などを食べていますが、近年では都会の市街地にも姿を現し、長い尾を振りながらテクテク歩いているのをよく見かけます。

セキレイは尾を上下に振って地面を叩いているように見えることから、「石叩(たた)き」とも「庭叩き」とも呼ばれます。また、『日本書紀』では、（尾のピストン運動を通して）イザナギノミコトとイザナミノミコトに男女の交わり方を教えたとされ、「恋教鳥(こいおしえどり)」の異名も併せ持っています。

日本でよく観察されるのは、ハクセキレイ（黒〜灰褐色）、セグロセキレイ（背中が黒）、キセキレイ（腹部が黄色）の三種ですが、この中ではハクセキレイが最も都会派で、人間の居住空間に進出してチチン、チチンと物怖(ものお)じせず生活しています。

これに対し、日本固有種のセグロセキレイは河川や渓流・池などを好む自然派でジジッ、ジジッ、キセキレイも同様に山野などを主な棲み処とし、チチッ、チチッと鳴き暮らしています。

鱗雲 ●うろこぐも

鱗雲は、気象学的には高度五千～一万五千キロにできる巻積雲に分類されます。小さな白雲の固まりが無数に集まって空に広がったもので、イワシの群れのように見えるものを「鰯雲」、サバの背の波模様に見えるものを「鯖雲」と呼んでいます。さらに、より上空にできるのが高積雲。こちらは「羊雲」と呼ばれます。いずれも年間を通じて見られますが、秋は空が澄み切って上空まで見通しがきくため、よりはっきりと見えます。

「鱗雲が出たら三日以内に雨」、「羊雲が出ると翌日は雨」。移動性低気圧や台風の接近時に現れやすいため、これらの雲を見たら「天気は下り坂」と覚えておくとよいでしょう。

金木犀 ●きんもくせい

夜道を歩いていても、すぐそれとわかる強い香り。秋口になると、家々の庭から金木犀の甘い香りが漂ってきます。金木犀はモクセイ科の常緑樹で中国が原産。雌雄異株の植物ですが、日本には江戸時代に雄株のみが渡来し、挿し木によって北海道と沖縄を除く全国に広まったとされています。

樹皮が動物の犀の皮に似ていることから「木犀」。そのうち、九月から十月にかけて橙黄色の小さい十字の花をつけるのが金木犀です。中国では一般に木犀のことを「桂花」といい、花を茶に入れた桂花茶や白ワインに漬けた桂花陳酒で優雅な時間を楽しんでいるようです。いっぽう日本では、金木犀といえば厠の近くに植えられました。

玉蜀黍 ● とうもろこし

夏の北海道、札幌の大通公園で食べた焼きトウモロコシの味が忘れられない人もいるのではないでしょうか。夏の食べ物の印象がありますが、季語は秋に分類されています。熱帯アメリカ原産のイネ科の作物で、日本へは十六世紀にポルトガルから渡来。明治時代の北海道開拓で本格的な栽培が始まっています。

名前の由来は、中国の「モロコシ」に似ていたことから「唐のモロコシ」→「トウモロコシ」。漢名は、「玉黍」から「玉」をとって、「蜀黍」の上に冠したとされています。

スイートコーンを中心に生産量日本一（全国シェア四十％以上）を誇る北海道では「トウキビ」と呼び、夏は大量に塩茹でしておやつ代わりにするそうです。今は粒が白いものや生で食べられるものなど品種改良が進み、トウモロコシの印象も変わりつつあります。

末候

つばめさる【玄鳥去】

9月18日〜9月22日

春に日本へ渡ってきたツバメが南方へ帰っていくころです。子育てを終えたツバメは、越冬先である東南アジアやオーストラリアなどへ旅立ちます。平均時速は四十〜五十キロ。群れではなく一羽ずつ、三千キロあまり先の目的地を目指すのです。

陰暦八月の異名を「つばめ去り月」というように、ツバメは春と秋の渡りを通して、私たちに季節の移ろいを知らせてくれます。ツバメの姿を見かけなくなったら秋が深まった証拠。何となくもの寂しい感じがします。ツバメのことに限らず、秋にふと訪れるこうしたもの寂しい感覚（もの思い）を「秋思」といいます。春の「春愁」と二つ合わせて「春愁秋思」ということもあります。

兼好法師は『徒然草』の中で「もののあはれは秋こそまされ」と、秋のしみじみとした情趣とそこはかとない寂寥感を「最高！」と愉しんでいます。

人影が消えた海辺。肌にあたる風の冷たさ。ススキの穂波……。何となくぬくもりが欲しくなり、人恋しくもなる。秋に感じるもの寂しさは、暗く沈んだ憂鬱な気分とは別の、しばらくそこに浸っていたいような奇妙な感覚ですね。

中秋の名月(十五夜) ●ちゅうしゅうのめいげつ

「名月を 取ってくれろと 泣く子かな」(一茶)。中秋の名月は必ずしも満月であるとは限らず、むしろ異なることが多いようですが、それでも、ほぼま～るい月は、普遍的な美しさを湛(たた)えています。その十五夜に次いで美しいとされるのが、一か月遅れの十三夜の月です。十三夜には栗や豆を供(そな)えることから、「栗名月」、「豆名月」ともいいます。昔から「十五夜の月を見たら十三夜も必ず見なさい」と言われます。どちらか一つだけは「片月見」と呼ばれ、縁起が悪いとされてきたのです。

十六夜の月 ●いざよいのつき

十五夜は満月(望月(もちづき))。三日月は弓の形の「弓張り月(ゆみはりづき)」。新月から満月までを「上弦(じょうげん)の月」、満月から新月を「下弦(かげん)の月」。満月の前日は「小望月(こもちづき)」。十六夜は、「猶予(いざよい)」とも書き、「猶予(いざよ)う＝ためらう」の名詞形。十六夜の月は、十五夜の満月に遠慮して、ためらいがちに出てきたのでしょうか。十七夜以降は、月の出を今か今かと立って待つ「立待月(たちまちづき)」。立って待つには長いので座って待つ「居待月(いまちづき)」。出るのが遅いので横になって待つ「寝待月(ねまちづき)」。そして、満月～新月までの間、夜が明けても空に残っている月を総称して「有明(ありあけ)の月」といいます。

月見団子●つきみだんご

お月見の供物といえば月見団子。十五夜にちなんで十五個供えるものと思われがちですが、本来はその年の満月の数（十二個か十三個）だけ供えるのが正しいようです。十五夜は「芋名月」とも呼ばれ、里芋やさつま芋を供える地域もあります。これは稲作以前、芋類を主食にしていた名残で、月見団子も里芋に似せて作られたのです。里芋を「衣被」と呼ぶ人も。衣被とは平安時代以降、高貴な女性が外出する際に顔を覆い隠すために頭から被った布のことですが、被った様子が皮つきの里芋に似ていたため、この名がついたといいます。

月見泥棒●つきみどろぼう

月見泥棒は、旧暦八月十五日の十五夜に行われる月見のイベントです。この日に限って子供たちは、月見に飾られる団子などの供物を盗んでよいとされています。もともと、畑の芋を盗まれても「お月様に持っていかれた」との考え方があり、子供たちは、豊作をもたらす月からの使者と見なされていたのです。

「お月見くださ〜い」。「お月見どろぼうで〜す」。月見団子も今は、子供好みのお菓子にとって代わられ、かつまたtrick or treatのハローウインほど賑々しくはありませんが、現在も声をかけて家々をまわる風習が各地に残されています。

秋分（しゅうぶん）

9月23日頃

春分と同様、昼と夜の長さがほぼ同じになる日です。暑さ（寒さ）も彼岸まで。残暑がようやく収まり、日ごとに涼（すず）しさが増し、夜も長くなっていきます。秋の実りの収穫が始まり、バテ気味だった体力が回復し、食欲も増進です。

初候

かみなりすなわちこえをおさむ【雷乃収声】

9月23日～9月27日

雷が鳴りを潜（ひそ）めるころです。雷鳴は、放電現象が起きた際の熱量によって雷周辺の大気が急に膨張（ぼうちょう）したときに生じる衝撃（しょうげき）音です。この時期は、放電の熱量が小さくなるため、雷鳴の音も小さくなります。いわゆる夏の終わりを告げる「遠雷（えんらい）」です。

立松和平（たてまつわへい）にも同名の小説があり、映画化もされましたが、ラストシーンで鳴り響く遠雷が今でも印象に残っています。舞台となった宇都宮は、「雷の銀座通り」といわれるほど雷の発生数が多い土地柄です。

雷には、いかずち、なるかみ、ごろつき、かんなりなど、古語（こご）や方言も含めてたくさんの呼称がありますが、雷鳴よりも雷光（らいこう）に着目すれば、「稲妻（いなづま）」という別名が思い浮かびます。改めて考えてみると不思議なネーミングですが、語源をたどれば「稲の夫（つま）」に行き着きます。昔は、雷が多いと稲がよく育ち、豊作になることから、雷光（夫）が稲を妊娠させていると考えられていたのです。また昔の人は、妻も夫も互いを「つま」と呼んでいたため、「いなづま」も「夫」から「妻」に漢字変換されて今に至っているわけです。ちなみに、雷は夏の季語ですが、稲妻は秋の季語になります。

曼殊沙華 ●まんじゅしゃげ

秋の花を代表する曼殊沙華は、「彼岸花」とも呼ばれるように、ちょうど秋のお彼岸のころ、道端や田んぼの畔道などで鮮やかな赤い花を咲かせます。サンスクリット語で「天界に咲く花」の意味を持ちながら、アルカロイドという毒があり、墓を荒らすモグラや野ネズミなどを追い払う目的で墓所にもよく植えられます。このため「死人花」、「幽霊花」、「地獄花」など、天界とは裏腹の呼び名も背負っています。花のある時期に葉がなく、葉のある時期に花がないので、「葉見ず花見ず」とも言われます。

御萩 ●おはぎ

おはぎは、小豆や、きなこを使ったものが一般的ですが、関東以東では胡麻、関西では青のり、東北の宮城県では枝豆（ずんだ）、岐阜県では栗餡など、いろいろなバリエーションがあります。また、徳島県などでは「半殺し」とも。蒸し米を滑らかな餅の状態になるまで搗かず、つぶつぶが幾分残る程度にとどめることから、このように呼ばれます。

山里●やまざと

幼いころに見た写真や絵本などの記憶のせいか、秋になると「山里」の寂しい原風景が目に浮かんできます。ありあまる自然、鳥の鳴く声、お年寄りの住む〝ポツンと一軒家〟。そこで遊び暮らした経験はないけれど、懐かしい感覚を覚えるのは日本人だからでしょうか。

いっぽう、山里をひっくり返した「里山」にも郷愁を誘われます。以前は人間と動物の棲む場所の中間に位置し、互いの緩衝地帯になっていましたが、高齢化などで管理する人が減り、すっかり荒れた状態になっています。

秋の社日●しゃにち

社日は雑節の一つで、土地の神様である「産土神」を祀る日です。古代中国に由来し、陰陽五行説で「土」にあたる「戊」の日に五穀豊穣を祈願した風習が日本に伝わったとされています。春と秋の二回あり、春分または秋分に最も近い戊の日を、それぞれ春の社日（春社）、秋の社日（秋社）と呼んでいます。春社では五穀の種を供えて豊作を祈願しますが、秋社では初穂を供えて、その年の収穫を感謝します。

次候

むしかくれてとをふさぐ【蟄虫坏戸】

9月28日〜10月2日

春から夏にかけて活動していた虫たちが、再び土の中にもぐって穴を閉じるころです。「蟄虫」（＝冬ごもりする虫）には、昆虫だけでなく、蛇や蛙などの爬虫類や両生類も含まれています。いわゆる変温動物と呼ばれるこれらの生き物は、外の気温が下がると体温も下がってしまうため、温度変化の影響を受けにくい土の中にもぐって寒い冬を乗り切ります。低体温のまま地中でじっとしていれば、代謝が下がってエネルギーや酸素を節約でき、また、細胞内の水分を凍結させない成分が体内でつくられるため、体温が０℃以下になっても生きられるといいます。

暖かい季節に野山のあちこちを這いずりまわっていた蛇も、この時期になると、申し合わせたようにどこからともなく集まってきます。何十匹もが絡み合い、長い冬を越すのです。蛇は秋の彼岸に穴に入り、春の彼岸に穴から出ると信じられており、秋の彼岸を過ぎても穴に入らない蛇は「穴惑い」と呼ばれます。

近年は、コロナ禍を機にリモートワークが増え、家にこもる生活や働き方が常態化しつつあります。「蟄人坏戸」になる過渡期といえるかもしれません。

障子襖を入れる ●しょうじふすまをいれる

「障子襖を入れる」は秋の季語で、夏の間使っていた簾戸（すど）や葭簀（よしず）などを取り外し、障子や襖と入れ替えることをいいます。奈良・平安時代に貴族の住まいの内部を仕切っていた衝立（ついたて）が、今日、部屋の間仕切りとして使われている障子や襖の原型とされています。暑い夏は戸を開け放って風通しをよくし、涼しい秋や寒い冬は戸を閉ざして暖かく暮らす。住まいに季節の折り目をつけて、生活スタイルや気分そのものを改めてきたのです。

燈火親しむ ●とうかしたしむ

秋は気候が涼しく、夜も長いので、灯火の下で書物を開くのがよい。「燈火親しむ」は、唐代の詩人・韓愈（かんゆ）の詩『符読書城南』の一節「燈火稍可親（とうかようやくしたしむべし）」に由来しています。四十九歳のとき、十八歳の息子・府に学問の大切さを説くためにこの詩を書いたといいます。

現在、国内では朝の始業前に読書を取り入れる学校が増えていますが、いっぽう、文化庁の調査では、一か月に一冊も本を読まない人の割合は四十七・三パーセント、また、以前に比べて読書量が減っていると答えた人は六十七・三パーセントと読書離れの傾向が見られます。

木通●あけび

アケビは春に花を咲かせ、秋に楕円形をした淡紫色の実をつけます。名の由来は、熟すと果実がパッカリ割れるから「開け実」、赤い実をつけるから「赤実（朱実）」、あるいは、実が熟して割れた様子が「あくび」に見えるからなど諸説あります。

漢字では「木通」、「通草」の字を充てますが、これは蔓の芯に細い穴が通っているためといわれます。漢方では木通が利尿剤に用いられています。秋になると野山に出かけておやつ代わりに。種が多くて取り除くのに難儀しますが、甘くてねっとりとした食感が特徴です。

里芋●さといも

単に「いも」といえば、じゃがいもやさつまいもを連想しますが、俳句の世界では「里芋」（秋の季語）のことを指します。里芋は東南アジア原産のタロイモの仲間で、日本へは縄文時代後期に伝わったと考えられています。

親芋から子芋、孫芋とたくさんの芋ができるのが特徴で、それが塊状になった「ヤツガシラ（八頭）」は味と質の良さでよく知られています。また、葉柄は「ズイキ（芋茎）」と呼ばれて食用になります。

末候

みずはじめてかる【水始涸】

10月3日〜10月7日

稲刈りに向けて、田んぼから水を抜いて土を乾かすころです。「水始涸」は、日照りによって田んぼの水が自然に涸（か）れるのではなく、人間が意図的に手を加えて涸らすことを意味します。

「秋もはや　さらばさらばと　落とし水」（尾崎紅葉）。秋の収穫期が近づくと、米農家では畔（あぜ）の水口を切って田んぼから水を抜く「落とし水」という作業を行います。米（＝稲の種子）は開花してから少しずつ膨（ふく）らみ、四十日〜五十日で登熟（とうじゅく）（＝完熟）期を迎えますが、この段階に入ったら水を落として稲や土を乾かし、稲刈りに備えます。

水を落とすタイミングは、通常、刈り入れの約十日前が目安とされますが、その年の天候や土の状態に左右されるため、慎重な判断が求められます。早く落としすぎると、未熟米やヒビが入った胴割米（どうわれまい）などの原因になり、また、水不足によって「いもち病」などが発生しやすくなります。逆に落とすタイミングが遅れると、籾（もみ）が熟（う）れすぎて品質が悪くなります。「米」という字は「八十八」から成り、米ができるまでに八十八回の手間がかかるといわれます。

天高し てんたかし

秋の空は青く澄み渡り、空が高くなったような感じを受けます。そんな空を見上げていると、つい口を衝(つ)いて出るのが「天高く馬肥ゆる秋」。もとになったのは、唐代の詩人・杜審言(としんげん)の詩の一節「雲浄(きよ)くして妖星(ようせい)落ち、秋高くして塞馬(さいば)肥(こ)ゆ」です。北方の騎馬民族・匈奴(きょうど)が収穫の秋になると、肥えてたくましくなった馬に乗って略奪(りゃくだつ)にやってくる。「だから、気をつけろ!」。漢の国の将軍・趙充国(ちょうじゅうこく)が発した警句(けいく)を下地にした詩とされています。

秋茄子 あきなす

茄子はインド原産の野菜で、日本では高知県で最も多く生産されています。収穫時期によって呼び名が違い、六月ごろから収穫されたものは夏茄子、九月以降のものは秋茄子です。皮が厚く実の詰(つ)まった夏茄子に対し、秋茄子は皮が柔らかく、水分を多く含んで甘味があります。

「秋茄子は嫁に食わすな」という言い伝えには、あまりにも美味しいので嫁に食べさせるのはもったいないという嫁いびり説、いっぽう、秋茄子は種子がないので子宝に恵まれなくなる、食べすぎて体を冷やすのは健康によくないといった、嫁への気遣(きづか)い説があります。

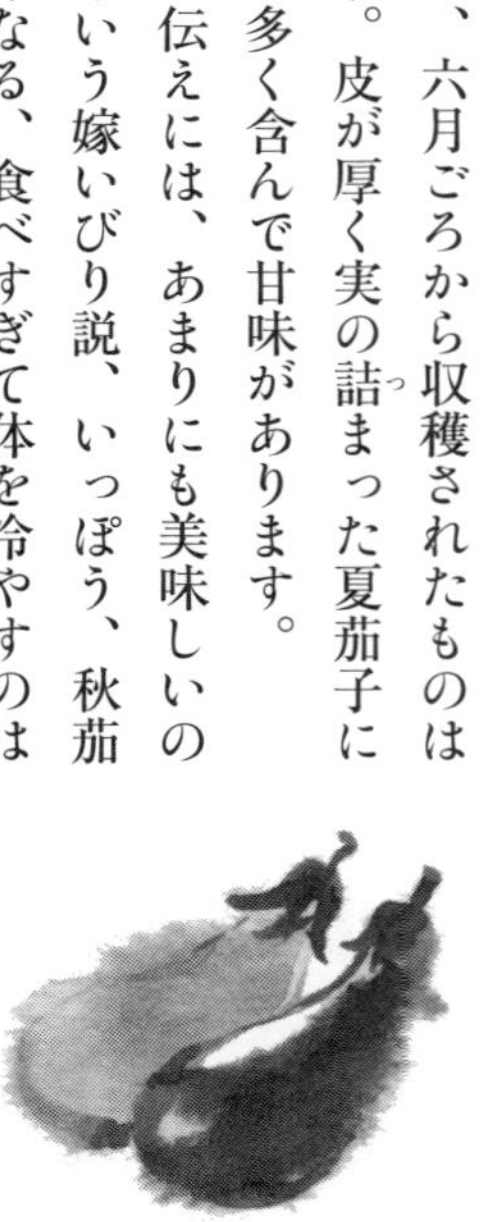

月影 ●つきかげ

「月影というのは、月のかげ（陰）のことですか？」。以前、学生に訊かれたことがありますが、「影」には「光」や「姿」という意味があり、月影は月の光（月あかり）、あるいはその光に照らし出された人や物の姿、さらに月そのものを指す場合もあります。星影も同じで、星の光（星あかり）を表した言葉です。ただ、影（光）は、その背後にある闇の部分（陰）を意味することもあるので、状況に応じた解釈が必要です。

長崎くんち ●ながさきくんち

長崎くんちは、長崎市諏訪神社の祭礼で、十月七日から九日まで三日間開催されます。一六三四（寛永十一）年、二人の遊女が神前で謡曲「小舞」を奉納したのが始まりとされ、くんちの名は、重陽の節句にあたる九月九日（くにち→方言でくんち）に行ったことにちなみます。市内五十九町が七組に分かれ、七年ごとの持ちまわりで「踊町」を担当。「演し物」は、日本舞踊などの「本踊り」、山車を引きまわす「曳物」、龍踊などの「担ぎ物」、大名行列などの「通り物」に大別され、それぞれ和洋中の特色を打ち出しながら勇壮で豪華絢爛な演し物を披露します。「モッテコーイ、モッテコーイ」。アンコールを意味する掛け声が会場に響き、熱狂の渦に巻き込まれます。

寒露

10月8日頃

秋の長雨も終わり、野の草花に冷たい露が宿るころ。本格的な秋の到来です。農家は収穫で繁忙を極め、紅葉は色を濃くして鮮やかさを増します。大気の状態が安定して空気が澄んだ秋晴れの日が多くなり、夜の星月もすっきりと冴えて見えます。

初候

こうがんきたる【鴻雁来】

10月8日～10月12日

冬を目前に控えて、冬鳥の雁（かり）が北から渡ってくるころです。雁とは、カモ科の水鳥のうち、カモより大きく、ハクチョウより小さい特定のグループの鳥のことをいいます。日本にはマガンやヒシクイ、カリガネなどが十月初旬に飛来し、翌春三月までとどまります。日本最大の越冬地は、宮城と岩手の県境にある伊豆沼で、国内に飛来する雁の八割～九割、およそ十万羽が集まってくるといいます。

その年に初めて渡ってくる雁を「初雁」といいますが、このときにV字形の編隊を組むのが特徴です。「雁行」といって、このように飛ぶと、先頭の鳥が生み出す乱気流を後続の鳥が揚力として利用できるため、エネルギーの節約になるのです。

みなさんの頭に浮かぶ雁は、かつて上野・青森間を走っていた特急「はつかり」でしようか。それとも森鷗外の小説『雁』でしょうか。広重の絵を図柄にした記念切手「月と雁」は切手マニアには垂涎の的です。

秋深し ● あきふかし

「秋深し隣は何をする人ぞ」。「秋深し」は晩秋の季語。このことばの典拠となった松尾芭蕉の句では「秋深き」になっています。この句を詠んだとき、芭蕉は大坂の知人宅で体調を崩し、床に臥せていました。そして、およそ半月後、五十一歳であの世へ旅立ちました。人生の旅の中で、誰もが一度は経験する秋の孤独感や寂寥感。芭蕉も十月十二日に旅立つ前に、それを感じたでしょうか。

秋茜 ● あきあかね

トンボ科アカネ属に分類され、一般には「赤とんぼ」と呼ばれます。体長約四センチ、黄褐色をしていますが、オスは成熟すると茜色になります。「♪夕やけ小やけの赤とんぼ、負われて見たのはいつの日か」。〝追われて〟ではなく、ねえやの背中に〝負われて〟肩越しに見たのです。秋は産卵期にあたり、オスとメスがつながったまま飛びまわっているのを見かけます。産み落とされた卵は、水辺や湿地で越冬し、春に孵化して幼虫（ヤゴ）になります。

七竈●ななかまど

竈に七度入れても燃えにくくて炭にならない。そんな名の由来をもつ「ナナカマド」。南天に似た赤い実をつけることからヤマナンテンとも呼ばれ、北海道や東北地方では街路樹に用いられています。ソルビン酸という成分を含んでいるため冬でも実が腐らず、枝にたわわになっているのを小鳥たちが美味しそうにつついていますが、実は毒があり、人間には渋くてとても食べられる代物ではないそうです。燃えにくいとされながら、実際には非常によく燃え、高級な炭になるといいます。

夜長●よなが

「秋の日は釣瓶落とし」と言われるように、秋はいったん暮れ出すと、釣瓶が井戸の中にスルスル落ちていくようにたちまち暗くなってしまいます。そして、迎える夜が、長く長く感じられる「夜長」です。ようやく涼しくなった秋の夜は、ホッと安堵する心の余裕も相まって、時間を有効活用したい気分がまさってきます。「あしびきの　山鳥の尾の　しだり尾の　長々し夜を　ひとりかも寝む」（柿本人麻呂）。山鳥の長く垂れさがった尾っぽのように長い夜を、恋しい人にも会えないで寂しく寝るのだろうか。こうなると長い夜はつらいですね。

次候

きくのはなひらく【菊花開】

10月13日〜10月17日

春が桜なら、秋は菊。日本を代表するその菊が花盛りになるころです。旧暦九月九日の重陽(ちょうよう)の節句(せっく)は、菊が見頃のこの時期にあたり、「菊の節句」とも呼ばれます。昔はこの日に、無病息災を願って、菊の花を浮かべた「菊花酒」を飲んだり、恋人が夢に現れるのを願って、菊の花を詰めた「菊枕」で眠るといった風習がありました。

そのような九月九日に使う菊を「一日遅れで用意したのでは役に立たない」と戒(いまし)めたのが、「十日の菊」ということわざです。

原産地は中国であり、奈良時代に薬草として伝わっています（疲れ目やかすみ目、充血などに薬効）。以来、日本人は品種改良を重ねて多種多様の花を生み出し、これにいろいろな楽しみ方を見いだしてきました。

歌をつけて優劣(ゆうれつ)を争う「菊合(きくあわせ)」、作柄を品評し合う「菊くらべ」。江戸・明治期には「菊作り」が流行し、菊を鑑賞する「菊見」は、現代に受け継がれて全国各地の菊花展や菊祭りの催しにつながっています。丹精(たんせい)込めた作品に時間も忘れて見とれてしまいます。確かに、目にいい花であることは間違いありません。

もってのほか

●もってのほか

生でも茹でてもシャキシャキした歯ごたえのある食用菊「もってのほか」。正式名は、延命楽といい、山形県を中心に新潟県や秋田県などでも栽培されています。言い伝えによると、農家で休憩をとった殿様が、供された菊のおひたしを食べたところ、「これはうまい、百姓にはもってのほかであるぞ」といったとか。「天皇の御紋・菊の花を食べるとはもってのほか」、「もってのほか（思いのほか）うまい」など、名の由来は他にもあるようです。おひたしや酢のもの、和えもののほか、天ぷらや吸いものにしても美味しいといいます。

神嘗祭

●かんなめさい

神嘗祭は、その年に収穫された新穀を天照大神にお供えする儀式のこと。神嘗は、神の「饗」（食べ物でもてなす）から転じたことばです。八世紀末の「大宝律令」で国家の儀式として定められたのが起源とされ、三重県の伊勢神宮では毎年十月十五日〜十七日に行われます。この儀式に際して天皇は宮中から神宮を遥拝します。

二十年に一度行われる「式年遷宮」のあと、最初に行われる神嘗祭は、祭器具が一新されることから「神宮の正月」ともいわれます。伊勢の人たちは「おおまつり」と呼んでお祝いするそうです。

栗飯 ●くりめし

「芋栗南京（いもくりなんきん）」といって、昔からさつまいも・かぼちゃと並んで女性の好物に挙げられてきた栗。その栗をむいて白米に入れ、少量の塩を効かせて炊き込んだ「栗飯」は、待ちに待った秋の味覚。ほくほくとした食感とほのかな甘味がたまりません。

栗の生産量は茨城県がトップで全国の二割強を占めますが、絶品とされる「日本三大栗」の産地は、長野県の小布施（おぶせ）、兵庫県の丹波篠山（たんばささやま）、岐阜県の中津川（または愛媛県の中山）といわれます。

秋刀魚 ●さんま

「さんまさんま さんま苦（にが）いか塩っぱいか」。詩人・佐藤春夫でなくとも、この時期は秋刀魚の味が恋しくなります。七輪の上に金網を載せ、濛々（もうもう）と上がる煙に目をしばたかせながら焼く秋刀魚。大根おろしを添えて、酢橘（すだち）を搾（しぼ）り、ちょいと醤油をかけていただく。日本人に生まれてよかったと感じる食べ物の代表格であり、子供のころの食事風景を想い起こさせてくれます。秋刀魚は庶民の身近な食べ物でしたが、近年は北海道や東北の水揚げ港から「不漁続き」の声が届き、ますます高級化して口に入りにくくなっています。

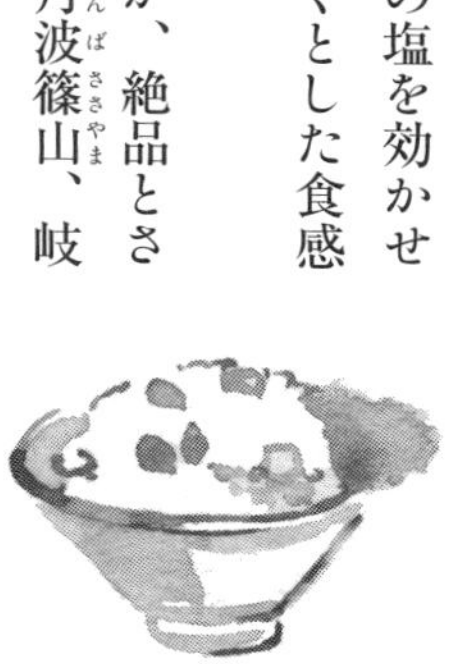

末候

きりぎりすとにあり【蟋蟀在戸】

10月18日～10月22日

秋の深まりとともに蟋蟀が里へ降りてきて、人家の戸口で鳴き始めるころです。この情景の出典は、中国最古の詩篇『詩経』に求めることができます。詩の中では、七月に野原、八月に家の軒下、九月に家の戸口、十月に寝台の下と、蟋蟀がだんだん身辺に近づいてくるのを忍び寄る冬になぞらえ、早く冬仕度を始めるよう暗に促しています。

きりぎりす 夜寒に秋の なるままに 弱るかこゑの 遠ざかりゆく（西行、新古今集）

日本の古代において、蟋蟀は「きりぎりす」と呼ばれ、平安歌人が詠んだこの歌のきりぎりすも、今の「こおろぎ」を指していると思われます（蟋蟀は、セミなどを含めた秋に鳴く虫全般を指していたとの説もあります）。

童謡『虫の声』にはたくさんの虫の鳴き声が出てきます。こおろぎは「きりきりきりきり」。ところが、きりぎりすは出てきません。実態は、ギーッ、チョン、ギーッ、チョン。機織りのように聞こえることから「機織り虫」の異名があります。ただ、鳴き出すのは夏ごろで、晩秋の今ごろはすでに産卵を終えて息絶えている場合も多いようです。

虫の音に耳を澄ませつつ、近づく冬に備えたいものです。

べったら市●べったらいち

日本橋の宝田恵比寿神社周辺で例年十月十九日と二十日の二日間開催される伝統行事。約五百軒もの露店が立ち並び、夜には神社前の大提灯や千五百以上の提灯に明かりが灯ります。起源は江戸中期、十月二十日のえびす講の前日、神社の門前で開かれた市場で、とくにべったら漬けがよく売れたため、「べったら市」に。十五代将軍の徳川慶喜も好んだというべったら漬けは、塩漬けした大根を米麹や砂糖で甘く漬けたもので、縄に縛って振りまわした大根が客の着物にべったりついたことが名の由来とされています。

そぼ降る●そぼふる

この時期、雨がしとしとと降るのを窓からぼんやり眺めていると、慌ただしい日常をいっとき忘れて心が和んできます。しめやかに、しっとりと。「そぼ降る」とは、そんな雨の降り方を表しています。そぼ降るの「そぼ」はおそらく、古語の「そぼつ」に由来しているのでしょう。これにも、ぐっしょり濡れる、潤う、しとしと降るといった意味があります。

そぼ降るは、小雨の降る様子を表現したものですが、これの対極にあるのが、「しのつく」です。「しの」は漢字で書くと「篠」。細い竹のことで、これが激しく突き刺さってくるように降るのが「しのつく雨」です。

柳葉魚●ししゃも

シシャモはキュウリウオ科に属し、北海道太平洋岸だけに生息する日本固有の魚です。サケと同じ遡河回遊魚で、成長期を海ですごし、初冬に川を遡上して卵を産みます。「柳葉魚」の名はアイヌ伝説に由来。数ある中の一つに「神が、水に落ちて朽ちる柳の葉を憐れんで魚の姿に変えた」とあります。産地で知られる「むかわ町」では、十月〜十一月の漁期に水揚げされたシシャモの一夜干しが加工店の店頭に並び、その場で焼いて食べる光景が見られます。子持ちのメスはオスより高値ですが、味は脂ののりがよいオスが勝るといいます。

無花果●いちじく

アダムとイブが食べた禁断の果実として知られるイチジクは、クワ科の落葉樹木で、アラビア南部が原産。メソポタミアでは六千年以上前から栽培されていたといいます。日本には、江戸時代の寛永年間にペルシアから中国経由で長崎に伝来。当時は「唐柿」「南蛮柿」「蓬莱柿」などと呼ばれていました。

花をつけずに実がなるように見えるため「無花果」の字が充てられていますが、実際には花嚢の中に無数の白い花を咲かせます。秋にはそれが紫色の実になりますが、食用部分は果肉ではなく、花托（＝花弁やおしべ・めしべを支えている部分）が肥大化したものです。

霜降（そうこう）

10月23日頃

秋が一段と深まり、北国から初霜（はつしも）の便りが聞かれるころ。朝晩の冷え込みや日の短さにちょっぴり冬を意識するものの、紅葉に染まる山に魅（み）せられ、外に出かけたい気分にもなります。屋内ではそろそろ炬燵（こたつ）やストーブを出し、秋の夜長を愉（たの）しむのもいいでしょう。

初候

しもはじめてふる【霜始降】

10月23日〜10月27日

露（つゆ）を結んでいた季節から霜（しも）が降りる季節に変わるころです。霜は、目に見えない空気中の水蒸気が冷えて氷の結晶（けっしょう）になったものです。夜から朝にかけて、気温が3〜4℃以下、地表面付近が氷点下になると降り始めるといいます。昔の人は朝、あたり一面が霜で真っ白になっているのを目（ま）のあたりにして、霜は雨や雪のように空から降ってくるものだと思っていたようです。そのため霜は「降りる」と表現されます。

心あてに 折らばや折らむ 初霜の 置きまどはせる 白菊の花 （古今集（こきんしゅう））

百人一首にも収められている有名な歌です。真っ白な霜が降りて白菊の花と見分けがつかなくなったので、もうあてずっぽうで手折（たお）るしかないといった内容です。この歌のように、霜を詠んだ古歌には「置く」という表現がよく使われています。昔の人の中にも、空から降ってくるものではないと冷静にとらえていた人がいたのでしょう。

その年の秋から冬にかけて見られる最初の霜を「初霜」といいます。北海道は十月、東北・北関東は十一月、それ以南は十二月。温暖化の影響も相まって、多くの地域で初霜の時期が後ろへずれ込んでいるようです。

そぞろ寒 ● そぞろさむ

秋も深まると、「なんとなく寒いなあ」と感じる日が多くなります。ちょっとカーデガンでも羽織ろうか、そんな気分にさせるのが「そぞろ寒」です。そぞろは、漢字を充てると「漫ろ」。わけもなく、なんとなくといった意味です。寒さというのは、いったん気になり出すとそわそわして仕事にも身が入らなくなります。

夜なべ ● よなべ

「♪母さんが夜なべをして 手袋編んでくれた〜」。童謡『かあさんの歌』。母は麻糸を紡ぎ、父は土間で藁打ち仕事。昔の農家では、日中にできなかった野良仕事以外の作業を夜間に家内で行っていました。粉挽きや糸引き、草履づくりや縄ないなど、親は子供たちが寝静まった後も黙々と仕事を続けます。夜遅くまで仕事をしていれば当然腹も空くため、囲炉裏などに鍋をかけていつでも食べられる状態にしていました。よなべは、この「夜鍋」が語源と考えられていますが、夜を延ばす意味の「夜延べ」に由来するという説もあります。

砧 ●きぬた

砧は、晒し布を打ち叩いて柔らかくするための槌のような道具（柄のついた太い棒）のこと。砧打ちは古来、女性が担ってきた夜なべ仕事で、かつては夜になるとあちこちの家から砧の音が聞こえてきたといいます。たとえば、新古今集にも「み吉野の　山の秋風　小夜ふけて　ふるさと寒く　衣打つなり」と、夜のしじまに響く衣を砧で叩く音が詠まれています。東京の世田谷区には「砧」の地名が残っています。渡来人が、大和朝廷に税として納める布を河原で晒して叩いていたことが地名の由来とされています。

柿 ●かき

十月二十六日は柿の日。樽柿を一日に十六個も食べるほど柿好きだった正岡子規が、「柿食へば　鐘が鳴るなり　法隆寺」と詠んだ日にちなんで定められたそう。干し柿でも、白い粉をふいた枯露柿か、中身がトロトロのあんぽ柿か、好みは分かれます。渋の原因であるタンニンを焼酎で抜くことを「醂す」といい、子規が食べた樽柿も「さわし柿」です。

次候

こさめときどきふる【霎時施】

10月28日～11月1日

「霎(しょう)」は、小雨のこと。この小雨は、しとしとと降り続く長雨ではなく、ぱらぱらと降っては止み、降っては止むということを繰り返す通り雨で、いわゆる「時雨(しぐれ)」と呼ばれるものです。

降ったかと思うと晴れ上がり、晴れたかと思うとまた降り出す。そんなコロコロ変わる秋の空模様を女性の移り気な心にたとえたのが、「女心と秋の空」ということわざです。耳に馴染んだことばですが、実は、江戸時代には「男心と秋の空」と言われていたそうです。当時、浮気は「不義密通(ふぎみっつう)」と呼ばれ、その行為に及んだ妻とその相手は「死罪」。ところが夫には寛大(かんだい)な措置(そち)がとられ、しかも浮気した妻を殺しても無罪放免に。

「はづかしや　おれが心と　秋の空」（小林一茶）。一茶もかくのごとく恥じ入っているように、浮気心を起こすのはもっぱら男性だったようです。明治・大正期に西洋文化の影響を受けた女性たちの中から自由に意思表示する人が現れ、やがて社会的地位や権利を獲得していく過程で、男心も女心へと変化していったのかもしれません。ちなみに広辞苑では、男心と女心、どちらを使っても間違いではないとしています。

蘆刈り●あしかり

晩秋のころ、川や湖などの水辺で蘆を刈る光景をよく見かけたものです。背丈より長く伸びた蘆の繁みに分け入って鎌でスパスパ。寒い季節に水辺で行うため、体が濡れたり冷えたりと、大変な作業です。そこで刈り取った蘆を焚いて、「蘆火」にします。濛々と立ち上がる白煙と火炎。冷えた手足を温めながら束の間の休息を楽しむ作業者たち。その光景は煙の臭いとともに秋の風物詩になっています。刈り取った蘆は、干した後、屋根葺きや葭簀、簾などの材料に使われます。

松茸●まつたけ

秋の味覚の王者・松茸。人工栽培が難しく、需要に対して生産量が少ないために高価です。松茸の収穫量は最盛期の一九四一年に一万二千トン。そのころはシイタケの価格より安かったそうですが、近年は激減して百トン前後を推移。

激減した理由の一つにプロパンガスが普及し、山に燃料の枯木を集めに行く人がいなくなったことが挙げられています。枯木が放置されると、菌類が繁殖して土壌が肥えますが、松茸菌は栄養状態が悪い土壌を好むようです。「つれの者の　松茸取りし　妬み哉」（正岡子規）。焼きたての太いのをガブリとやりたいものです。

新米●しんまい

お米屋さんの前を通ると、「新米」の張り紙が目につく季節。食品表示法によれば、新米とは「秋に収穫してその年の十二月三十一日までに精米・包装された米」のこと。前年産の米は古米。その前年は古古米です。

新人のことも新米といいます。なぜそう呼ぶのか。

①江戸時代、新人の奉公人がつけていた新しい前掛け（新前掛け）が、「新前」と略して呼ばれ、それが「しんまい」に転訛して「新米」の字が充てられた。②新人は何にも染まっていないので、米のように白いという意味で「新米」など、諸説あります。

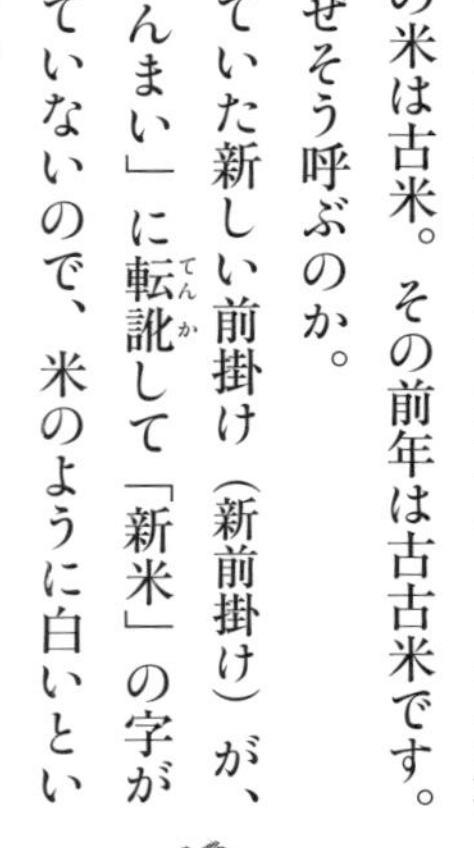

しぐれ煮●しぐれに

しぐれ煮は、蛤などのむき身にショウガの薄切りなどを加えて砂糖や醤油で煮た佃煮のこと。現在は、ショウガ入りの佃煮全般を指しますが、本来は三重県桑名の「時雨蛤」（芭蕉の高弟・各務支考が命名）のことをいいます。名の由来には諸説あります。①口に入れたときに風味が通り雨（時雨）のように駆け抜けていくから。②時雨の降る初冬に蛤が美味しくなるから。③蛤のむき身をサッと煎る調理法が、降ってすぐ止む時雨に似ているから……。

末候

もみじつたきばむ【楓蔦黄】

11月2日～11月6日

楓や蔦の葉が赤や黄に色づくころです。紅葉は日本人にとって春の桜と同じくらい待ち遠しいもの。秋晴れの休日ともなれば、「山粧う」名所へ出かけずにはいられないでしょう。

この鮮やかな紅葉の色彩はカロチノイド（葉を黄色にする色素）やアントシアニン（赤色にする色素）のおかげですが、昔の人は「竜田姫」のおかげと考えていました。

奈良時代、平城京では、中国の陰陽五行説（春―東、夏―南、秋―西、冬―北）に基づいて、四つの方角に、佐保姫、筒姫、竜田姫、宇津田姫の四人の女神を配しました。このうち竜田姫は平城京の「西」にある竜田山の神であったため、「秋」を司ることになったのです。

竜田姫は現在、奈良県の竜田神社に祀られていますが、染色が得意な神として、また「竜」の音が「裁つ」に通じることから裁縫の神としても信仰されています。

ちはやぶる 神代も聞かず 竜田川 からくれなゐに 水くくるとは

在原業平も、竜田川に舞い落ちて水面を紅色に染める紅葉の見事さに感嘆しています。

紅葉狩り　もみじがり

紅葉狩りの歴史は古く、『万葉集』にも紅葉や黄葉の語が見られることから、奈良〜平安期にはすでに始まっていたと考えられています。庶民に広まったのは伊勢参りや熊野詣がブームになった江戸時代中期。花見と同じように木の下で宴会を開いていたようです。

紅葉に「狩り」が用いられるのは、貴族が狩りを装って見物に出かけたからとも、実際に木を手折って観賞したからともいわれます。紅葉の語源は、「揉みいず」。色が揉み出されるという意味です。

鹿の角切り　しかのつのきり

神様の使いとされる鹿の角を切り落とす奈良の秋の行事で、江戸時代からの歴史があります。鹿の角は一年周期で生え変わるため、放っておいても自然に脱落するのですが、立派に生えた状態のときに放置すれば、鹿同士が角で刺し合ったり、国宝の寺社や重要文化財、樹木などを角で傷つけたりする危険性があります。

角切りは、「勢子」と呼ばれる人たちが取り押さえた鹿の角を神官が鋸で切り落とし、神前にお供えします。およそ三十分のサイクルで計六回実施。鹿の保護施設「鹿苑」の角切り会場周囲で確と見ることができます。

芋煮会●いもにかい

芋煮会は山形や宮城を中心に東北地方で行われる秋の恒例行事。紅葉のシーズンに河川敷などの野外に材料を持ち寄り、みんなで鍋を囲みながら親睦を深めます。入れる食材は里芋のほかに、肉、ネギ、ゴボウ、こんにゃく、大根、にんじん、キノコ類など。宮城県は主に豚肉・味噌味、山形県は牛肉・醤油味、福島県は豚肉・醤油味など、地域によって肉や味付けにもこだわりがあるようです。山形市の馬見ケ崎川の河川敷では、毎年、敬老の日の前日（日曜日）に「日本一（およそ三万食分）の芋煮フェスティバル」が開催されます。

団栗●どんぐり

ドングリは、ナラ、カシ、カシワ、クヌギなど、ブナ科の落葉植物の果実の総称で、独楽の古名「つむぐり」が転訛して「どんぐり」になったという説があります。子供のころは心棒を刺して独楽にしたり、ヤジロベーを作って遊んだりしました。渋いので食べられないと思っていましたが、考えてみれば縄文時代の主食の一つであり、飢饉のときには救荒食物に利用され、現在においても菓子や団子などの原料に使っている地域もあるようです。

似たり寄ったりで大差がないのが「どんぐりの背比べ」。大きな丸い目の人は「どんぐり眼」。「団栗の　寝ん寝んころり　ころりかな」（小林一茶）。

秋にうっとりする

秋は夕暮れ。夕日の差して山の端いと近うなりたるに、烏の寝どころへ行くとて、三つ四つ、二つ三つなど飛び急ぐさへあはれなり……（『枕草子』第一段）。

秋は夕暮れがよい。夕日が差して山の端がとても近く見えているところに、カラスがねぐらへ帰ろうとして、三羽四羽、二羽三羽と飛びいそぐ様子さえしみじみと感じる。

この一文に触れると、「烏なぜ啼くの 烏は山に 可愛い七つの 子があるからよ」（童謡『七つの子』）を口ずさみながら家路についた幼いころを思い出します。清少納言は、「まいて雁などの連ねたるが、いと小さく見ゆるは、いとをかし」と、夕空を飛翔する雁にも愛着を示しています。仕事や遊びを終えて家路をいそぐのは人間も鳥も同じ。ホッと和んだ気持ちになるのは、やさしく包みこんでくれる夕暮れの色合いもあるのでしょう。秋は、やっぱり夕日の色が似合いますね。

みずみずしい冬 叙情の日本語

立冬 りっとう
小雪 しょうせつ
大雪 たいせつ
冬至 とうじ
小寒 しょうかん
大寒 だいかん

立冬（りっとう）

11月7日頃

朝夕の冷え込みがいっそう厳しくなり、日中の日差しも弱まり、日の暮れるのも一段と早まります。山を美しく染めていた紅葉もしだいに色褪（あ）せ、冬枯（ふゆが）れの景色が目立つようになります。街には冷たい木枯らし。ヒューンと、北風小僧が冬を運んできます。

初候

つばきはじめてひらく【山茶始開】

11月7日～11月11日

山茶花（さざんか）が咲き始めるころです。山茶花はツバキ科ツバキ属の日本原産の花で、昔は葉をお茶として飲用したことからこの名がついたといわれます。また、本来は「さんさか」と読んでいたものが、転訛（てんか）して「さざんか」になったといわれます。

山茶花は、赤やピンク・白など、五枚の花弁の花を咲かせます。椿（つばき）と非常によく似ており、両方並べられたらどっちがどっちか見分けがつかないほどですが、山茶花の葉柄（ようへい）には細かい毛があり、葉の大きさがやや小ぶりなのが特徴です。また、開花時期は山茶花のほうが早く（十月～三月）、椿はこれよりやや遅れて十二月～四月に花を咲かせます。そのため、山茶花は初冬の季語、椿は春の季語に属しています。

そっくりといっても、決定的な違いがあります。それは散り際（ちぎわ）です。山茶花がハラハラと一枚ずつ花びらを散らすのに対し、椿はポトリと花ごと落ちます。潔いほどですが、これを斬首のようだと忌避する向きもあるようです。

さざんか　さざんか　さいたみち　たきびだ　たきびだ　おちばたき（童謡『たきび』）

冬枯れの季節に、生け垣の中で赤やピンクの花をつける山茶花。「困難に打ち勝つ」の花言葉どおり、北風や雪に負けず、殺風景な冬の住宅地に温もりの色を添えています。

酉の市●とりのいち

関東を中心に各地の鷲神社などで、毎年十一月の酉の日に行われる酉の市。神社に祀られる日本武尊は、商売繁盛、開運、武運長久の神様。「お酉さま」の愛称で親しまれています。酉の市の名物といえば、威勢のよい手締めで売られる縁起物の「熊手」。「年中の福徳を掻き寄せる」という意味が込められています。江戸時代には、箒、薬草、八頭、笊などの魔除けの品々が売られ、商売繁盛だけが目的ではなかったようです。

亥の子●いのこ

古代中国では、旧暦十月の亥の日・亥の刻（夜九時から十一時ころ）に穀類を混ぜた餅を食べる宮廷儀式「亥子祝」があり、この餅を食べると無病息災に暮らせるとされていました。

それが日本の宮中行事に取り入れられ、のちに貴族や武士を経て、ちょうど収穫時期を迎えた農民にも収穫祭の意味で普及し、今日、「亥の子祭り」の行事として定着しています。この日に炬燵(こたつ)を出したり囲炉裏(いろり)を開いたりすると、火難に遭(あ)わないといわれています。

口切り ●くちきり

童謡『ずいずいずっころばし』に「茶壺(ちゃつぼ)に追われてとっぴんしゃん」というフレーズが出てきます。江戸時代、京都の宇治では茶壺に入れたお茶を徳川将軍に献上。その道中では警護が厳しく、無礼を働けば斬首(ざんしゅ)になることも。それで行列が通るときは、戸をぴっしゃんと閉じて、やり過ごしたとか。茶道家では、八十八夜に摘(つ)んだ茶葉をこれに詰めて封印し、旨味(うまみ)が出るこの時期に開封します。これを「口切り」といい、当年初の濃茶(こいちゃ)を点(た)てます。

山眠る ●やまねむる

春は「山笑う」、夏は「山滴(したた)る」、秋は「山粧(よそお)う」、そして冬は「山眠る」。これらの季語は、中国北宋の山水画家・郭熙(かくき)の画論『臥遊録(がゆうろく)』の一節を典拠としています。春の山は艶(なま)めかしく、夏の山は青々とし、秋の山は澄みきって清く、冬の山はぼんやりとして薄暗い。笑い、滴り、粧い、眠る。四季の変化をビジュアルに表現した郭熙の言葉を季語に取り入れた日本人。どちらにも豊かな感性を感じます。

次候

ちはじめてこおる【地始凍】

11月12日〜11月16日

朝晩の冷え込みが日ごとに増し、大地が凍り始めるころです。

朝には霜が降り、地域によっては霜柱が立ったり、水たまりに氷が張ったりと、冬の訪れを目でも肌でも感じとることができます。空気中の水蒸気が凍って結晶化したものが「霜」であるのに対し、「霜柱（はしらじょう）」は地中の水分が毛細管現象によって地表にしみ出し、既成（きせい）の氷を押し上げながら柱状にニョキニョキ凍結したものです。

「初氷」をどのように観測するか、各地の気象台によって方法は異なるものの、共通するのは目視（もくし）による観測が原則であること。「露場（ろじょう）」と呼ばれる観測場所に水を入れた容器を設置し、氷が張っていたらその最初の日を、初氷の日として発表しているようです。初霜の観測の場合は、露場内に置いた藁（わら）の上に霜が降りるかどうかを見ている気象台もあるといいます。

朝起きるのがつらく、いつまでも布団にくるまっていたい季節であるとはいえ、子供のころは、水たまりの薄氷をパカパカ、霜柱をザクザクと、踏み鳴らしながら登校するのも冬の楽しみの一つでした。

七五三　しちごさん

七五三は、もともと別々の神事であった「髪置きの儀(かみおきのぎ)」（三歳）、「袴着の儀(はかまぎのぎ)」（五歳）、「帯解の儀(おびときのぎ)」（七歳）が一つにまとまったもので、それぞれの年齢に達した子供の成長を祝う日とされています。三歳は男女、五歳は男子、七歳は女子。現在は、日取りも、祝う男女の年齢も、家庭の事情に合わせて調整できるようです。楽しみは千歳飴(ちとせあめ)。紅白二本のセットには、「細く長く、粘り強く」の意味が込められており、直径十五ミリ、長さ一メートル以内とサイズが決められています。

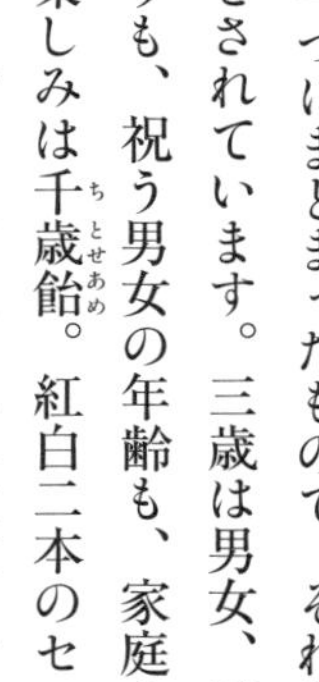

懐手　ふところで

懐手とは、和服を着たとき、手を袖(そで)に通さず懐（着物の胸の内側）に入れること。武士の場合、寒さで手が悴(かじか)んで刀が扱えなくなるのを防ぐ目的もあったようですが、そのしぐさが様(さま)になったのは、男性用の着物の胸元にゆとりがあったからです。女性ではこうはいかず、「じだらくに　女がしたる　懐手」（高浜年尾）などと、周囲からは、はしたなく見られがちでした。

懐手は、その見た目が、自分の手を引っ込めて、他人がやるのをただそばで見ているだけに見えることから、「他人(ひと)任せで自分では何もしない」という意味にも使われます。

千枚漬け●せんまいづけ

千枚漬けは、すぐき、柴漬け（しばづけ）と並び称される京都三大漬物（つけもの）の一つ。一八六五（慶応元）年、宮中で食事係をしていた大黒屋藤三郎が、退職後、「大藤（だいとう）」という名の店を興して売り出したのが起源とされています。当時は、聖護院蕪（しょうごいんかぶ）をスライスして昆布とともに漬け込んで乳酸発酵（にゅうさんはっこう）させたもの。それまでのしょっぱい漬物と違い、甘味・酸味・旨味の三拍子そろった薄味で見た目も美しいことが評判を呼び、京都の冬の名物として不動の地位にあります。名の由来は、樽（たる）に漬け込む枚数が千枚、あるいは蕪を千枚程度に薄く切るからといわれます。

すき焼き●すきやき

江戸時代、農民が鋤（すき）を鉄板代わりにして魚や豆腐を焼いて食べたから「鋤焼き」。あるいは「剥身（すきみ）」（薄く切った肉）を使ったから「剥き焼き」。語源には諸説あります。飛鳥時代のころからジビエ（野生の鳥獣の肉）以外の肉食をタブーとしてきた日本で牛肉食が始まったのが文明開化の時代。明治天皇が食べ、福沢諭吉がすすめ、仮名垣魯文（かながきろぶん）が『安愚楽鍋（あぐらなべ）』で取り上げるなどして、庶民にも広まります。当初は「牛鍋（ぎゅうなべ）」と呼ばれ、味噌味でスタート。のちに割り下（わりした）を使い、肉と野菜を同時に煮る関東風と、肉を焼いてから砂糖と醤油で味を調（ととの）え、野菜はあとから加える関西風の二大潮流を生みました。

末候

きんせんかさく【金盞香】

11月17日～11月21日

金盞の花が咲き、芳香を放つころです。ここでいう「きんせんか」は、キク科の金盞花ではなく、ヒガンバナ科の水仙のことを指します。水仙の花弁は六枚から成り、その真ん中に副花冠と呼ばれる黄色い花びらがあります。この副花冠が盃状に広がっているため、「金盞（＝金色の盃）」という異名があるのです。

水仙は、初冬の十一月半ばから早春の三月ごろまで、白や黄色などの美しい花を咲かせます。冬の寒さにも負けず、雪にも負けず、野山の斜面などに凛としたたたずまいを保っていることから「雪中花」とも呼ばれます。楚々とした水仙にも強い毒性がありま す。とくに球根に多く含まれ、致死量は十グラムといいます。

水仙には人を麻痺させる力もあるようです。学名の「ナルキッソス」は、ギリシア神話に登場する美少年の名に由来。女性にまったく興味・関心を示さない性癖が女神メネシスの怒りを買い、自分しか愛せない呪いをかけられます。彼は泉に映った自分の姿に恋い焦がれ、水を飲むのも忘れてやがて衰弱死します。そして、その場所に咲いたのが一本の水仙の花。自己愛（ナルシストまたはナルシシスト）の語源はここにあります。

小春日和 ●こはるびより

小春日和は、晩秋から初冬にかけて訪れるポカポカ陽気のこと。小春（しょうしゅん）は、旧暦十月の異称で、このころの陽気が春に似ているためこう呼ばれています。春先の暖かい日と間違える人がいますが、実際のところ「春日和」という言葉も存在し、こちらは正真正銘の「春の穏（おだ）やかな晴天の日」を指します。アメリカでは「インディアン・サマー」、イギリスでは「聖マルタンの夏」、北欧では「老婦人の夏」と、夏のイメージでとらえられているようです。

日向ぼこ／日向ぼっこ ●ひなたぼこ／ひなたぼっこ

日向ぼこは、「日向ぼこり」の語末が省略されたもので、さらに促音便（そくおんびん）化したのが「日向ぼっこ」です。日向ぼこりとは耳慣（みみな）れない言葉ですが、日を浴びてボーッとしている「日向惚（ひなたほう）け在（あ）り」が語源であるとか、「ぼ（ほ）こり」は日のあたるほうを意味し、火凝（ほこ）るの名詞化したものであるとか、諸説あります。

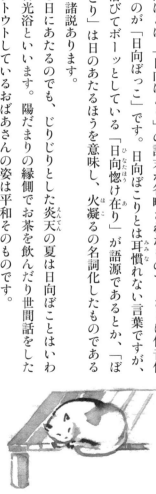

同じ日にあたるのでも、じりじりとした炎天（えんてん）の夏は日向ぼことはいわず、日光浴といいます。陽だまりの縁側でお茶を飲んだり世間話をしたり。ウトウトしているおばあさんの姿は平和そのものです。

都鳥●みやこどり

冬は水鳥が賑わう季節です。東京の隅田川にも、カムチャツカ半島で繁殖を終えて飛来した都鳥の姿があります。「名にし負はば　いざ言問はむ　都鳥　わが思ふ人は　ありやなしやと」（古今集）。『伊勢物語』（第九段・東下り）にも収録されている在原業平の歌です。旅の途中、隅田川で目にした鳥の名を「都鳥」と聞いて、「都という名をもっているなら、私が慕う人が無事でいるかどうか教えておくれ」と安否を尋ねているのです。業平が隅田川で目にしたこの鳥は、今は「ゆりかもめ」の名で都民に親しまれ、東京都の鳥に指定されているだけでなく、都心と臨海副都心を結ぶ新交通システム（車両）の愛称にも用いられています。

出雲大社の神在祭●かみありさい

旧暦十月は、神様が留守になるので「神無月」。では、いなくなった神はどこに行っているのでしょう。答えは「出雲」。出雲大社では、全国の八百万の神が集結する旧暦十月十一日～十七日（現在の十一月中旬～下旬）を「神在月」と呼び、およそ一週間にわたって神迎え、神在祭、神送りなどの神事を執り行います。神々が一堂に会して衆議（神議り）するのは、男女の縁や仕事の縁、あるいはお金の縁など。「二礼四拍手一礼」。他の神社と参拝の仕方は異なります。

小雪（しょうせつ）

11月22日頃

北国からはそろそろ雪の便りが届くころですが、まだ積もるほどではありません。日差しが弱くなり、山の紅葉（もみじ）は散り始めるものの、街路樹（がいろじゅ）のイチョウは黄金色（こがねいろ）に色づき、人を並木道へいざないます。本格的な冬の訪れはこれからです。

初候

にじかくれてみえず【虹蔵不見】

11月22日～11月26日

虹を見かけることが少なくなるころです。虹は大気中の水滴に太陽の光があたって反射してできるため、光が弱く空気が乾燥するこの時期は虹の出る条件が少なくなります。虹は夏の季語ですが、まれに冬の空に現れることがあるため、「冬の虹」は冬の季語とされています。ただ、冬の虹は薄ぼんやりした色合いになりがちで、しかもすぐに消えてしまうため、夏の虹に比べてどこかひっそりと弱々しい印象があります。

逆にこの時期、冬の夜空に冴え冴え（さざ）と映えるのが「寒昴（かんすばる）」（冬の季語）です。昴は地球から四百光年離れたプレアデス星団のことですが、おうし座の中に位置し、肉眼で青白い星が六つ見えることから六連星（むつらぼし）とも呼ばれます。また、すばるの語源は動詞の「統ばる」で、星が集まって一つになっていることが名の由来です。

『枕草子』（二百三十六段）では、「星はすばる」と、彦星（アルタイル）や夕づつ（金星）、よばひ星（流星）を差し置いて、そのすばらしさを第一に挙げています。

谷村新司の曲、ハワイのマウナケア山頂にある天体望遠鏡、六連星をロゴマークにしている自動車メーカー……。いろいろと「すばる」を見聞きしますが、やはり圧巻は冬の夜空。清少納言にならって、本物のすばらしさを実感してみてはどうでしょう。

新嘗祭 ●にいなめさい

新嘗祭は、天皇がその年に収穫された新穀（しんこく）などを神にお供（そな）えして感謝の奉告（ほうこく）を行い、供え物を神からの賜物（たまもの）として自らも召し上がる儀式で、毎年十一月二十三日に皇居吹上御所（ふきあげごしょ）の神嘉殿（しんかでん）で執り行われます。新天皇が即位して最初の新嘗祭をとくに「大嘗祭（だいじょうさい）」といい、代替わりのあった二〇一九年には、亀の甲を使った「亀占（きぼく）」で米の産地を決める「斎田点定の儀（さいでんてんていのぎ）」が行われ、栃木県の「とちぎの星」、京都府の「キヌヒカリ」が選ばれています。

枯れ尾花 ●かれおばな

「幽霊の 正体見たり 枯れ尾花」。枯れ尾花は、枯れたススキの穂のことで、冬の季語になっています。幽霊だと思っていたら、なあんだ……。恐れていたものが、実は案外つまらないものであるということのたとえです。ありもしないことを考え、世の中を悲観的に見れば、どんどん妄想が膨らんで自分を苦しめることになります。しょせん、世の中は枯れ尾花。つまらない人物や物事に拘泥せずに暮らしたほうが、よっぽど気が楽です。

網代
●あじろ

網代は、秋から冬にかけて、主に鮎の幼魚である氷魚を捕るために川や湖に設置した簗のような仕掛けのことで、魚を簀の中に誘い込んで捕る漁法です。「朝ぼらけ 宇治の川ぎり たえだえに あらはれ渡る 瀬々のあじろぎ」と、万葉の時代から宇治川の氷魚漁は、川霧や川風とともによく知られています。竹ひごなどをタテヨコ互い違いにくぐらせて編んだものを「網代編み」といいます。

冬銀河
●ふゆぎんが

夜空にかかる銀河（天の川）の煌めきにハッと息をのむことがあります。秋に比べて光は弱いものの、視認できる星の数は冬のほうがはるかに多いでしょう。冬銀河を観察するときは、三つの恒星をつないでできる大三角を探します。オリオン座の左肩で真っ赤に輝く「ベテルギウス」。ひときわ明るいおおいぬ座の「シリウス（天狼星）」。黄白色の光を明滅させるこぐま座の「プロキオン」。大三角をまたぐように広がる冬銀河です。

次候

きたかぜこのはをはらう【朔風払葉】

11月27日〜12月1日

強い北風が木の葉を吹き散らすころです。「朔」という漢字は、「ついたち、はじめ」などの意味を持ちますが、十二支に充てはめると、一番はじめは「子（ね）」に充たり、これが「北」の方角を表すことから、朔風とは北風のことを指します。

晩秋からこのころにかけて、日本の太平洋側の地域で吹く風速八メートル以上の北風を「木枯（こが）らし／凩」と呼びます。関東（東京）と関西（大阪）では、毎年「木枯らし一号」を発表しています。

東京では、この時期、イチョウ並木が街の景色を彩ります。とくに百四十六本のイチョウが植樹されている神宮外苑の並木道は、黄金ロードの名にふさわしい見事な景観を眼前に広げます。北風で路上に散ったイチョウはまるで黄金色の絨毯（じゅうたん）のよう。ロマンチックなムードをいっそう醸（かも）し出してくれますが、同じく北風が落とした銀杏（ぎんなん）の実のほうは、酪酸（らくさん）とエナント酸の相乗作用によって鼻につく強烈な臭いを放ちます。とはいえ、銀杏は炒（い）って食べると美味であることも確かです。気をつけたいのは、年齢以上の数を一度に食べないこと。中毒性があり、嘔吐（おうと）やけいれんなどの原因になります。

木の葉丼●このはどん

秋に目を楽しませてくれた紅葉（黄葉）も、散って枯葉になるのは寂しいもの。しかしながら、地に落ちた木の葉は、「望み葉」とも呼ばれ、地中で肥料に還元され、春に芽吹く植物の栄養になります。木の葉はときに丼と化して人間にも栄養を与えてくれます。「木の葉丼」は、具材を木の葉に見立てた玉子丼の一形態で、かまぼこと青ネギを卵でとじるのが基本。三つ葉や甘辛く煮たシイタケ、タケノコ、海苔などを入れることもあります。

大根引き●だいこひき

「大根引き　大根で道を　教えけり」。畑で大根を引き抜いている人に道を尋ねたら、大根を持った手で「あっちだよ」。一茶の句です。晩秋から初冬にかけて、農村では大根引きに精を出す農家の人たちの姿が見られます。抜き終われば水洗いし、やぐらなどに掛けて天日干し。その匂いが風に乗って街に漂うと冬の近いことを意識します。

現在、流通している約九割が〝引き抜きやすい〟青首大根。三浦大根（神奈川）、聖護院大根（京都）、桜島大根（鹿児島）など各地に名物の品種がありますが、東京といえば〝引き抜きにくい〟練馬大根です。

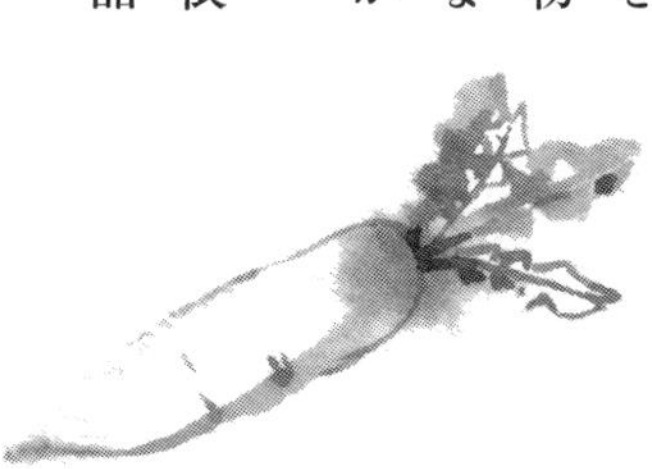

顔見世 かおみせ

江戸の元禄年間、役者は芝居小屋と一年間（十一月から翌年十月まで）の専属契約を結んでいました。十一月に新しい顔ぶれになった一座を観客に披露したのが「顔見世」の始まりです。現在の顔見世は、十月に御園座（名古屋）、十一月に歌舞伎座（東京）で行われますが、最も歴史の古い京都南座の「吉例顔見世興行」は十二月を中心に行われます。

南座では、先斗町や祇園などの芸妓や舞妓が客席両側の桟敷席で観劇する「総見」もあり、観客にとっては、舞台と客席両方の美男美女を拝める贅沢な一日になりそうです。

鎌鼬 かまいたち

冬の季語になっている鎌鼬は、皮膚が鋭い刃物で切り付けられたように傷つく症状で、江戸時代以前は、イタチか妖怪か、はたまた風神の仕業かと考えられていました。痛みもなく、傷口からは血も出ない、なんとも不可思議な現象です。

明治期には、旋風の中心にできる真空（または低圧）や風が巻き上げた小石や木の葉による裂傷と解釈されていましたが、現在は物理的な要因ではなく、気化熱によって皮膚の表面が急激に冷やされ、組織が変性して裂ける「あかぎれ」の一種と考えられています。私は小学生のとき、すねがパックリと切れ、外科医に打撲鎌鼬と診断されました。

末候

たちばなはじめてきばむ【橘始黄】

12月2日〜12月6日

橘の実が、熟して黄色く色づき始めるころです。

橘は、ミカン科ミカン属の常緑樹で、沖縄のシークワーサーとともに、二種類しかない日本原産の柑橘類（別名ヤマトタチバナ）として知られています。

『古事記』や『日本書紀』には、「非時香（木）実」の名で登場し、垂仁天皇の命を受けて常世の国（不老不死の理想郷）に派遣された田道間守が、九年かけて探しあてた末に持ち帰ったとされています。橘の名は、「田道間花」に由来するとされ、また、「常世草」とも呼ばれます。

橘は冬でも枯れず、つややかな常緑の葉を保ち、黄金色の実をつけます。そのため、古代から長寿と繁栄の象徴とされてきました。宮中ではご神木として扱われ、京都御所には紫宸殿の正面左側に左近桜、右側に右近橘が植えられています。

五月待つ　花橘の香をかげば　昔の人の　袖の香ぞする（詠み人知らず／古今集）

橘は初夏に白い五弁の花を咲かせます。その芳香が、親しかった人の袖に焚き込められたお香のかおりを思い出させるのです。

股引●ももひき

この時期、半ズボン姿で登校している児童を見かけると、当人よりも見ているほうがブルッときます。シニアになると、冬は股引（ズボン下、パッチ）を穿くものと相場が決まっています。股引は安土桃山時代にポルトガルから渡来した「カルサオ」というモンペに似た衣服が原型とされ、江戸時代には大工や左官などの職人が仕事着として着用していました。のちに冬の防寒着の一つとして定着し、「ラクダの股引」はおやじたちの必須アイテムになります。それを「ダサい」と敬遠していた若者たちも今は昔。素材やデザインが変わると、「タイツだ」「レギンスだ」といって、抵抗なく受け入れるようになっています。

雪虫●ゆきむし

初冬に白い綿のような虫がふわふわと飛んでいるのを見かけます。北海道民はこれを「雪虫」と呼び、「そろそろ初雪でないかい」と冬の到来を意識するそうです。虫の正体はアブラムシの仲間のトドノネオオワタムシ。白い綿毛は、体内から分泌される蠟物質だそうです。私たちが見かけるのはトドマツからヤチダモの木に移動中の虫たちです。北海道から本州まで生息し、ゆきんこ、わたむし、シーラッコなど地域によって愛称はさまざま。井上靖の小説のタイトルになっている「しろばんば」もその中の一つです。

押し競饅頭 ●おしくらまんじゅう

「♪おしくらまんじゅう、おされてなくな」。腕を胸の前で組んで、歌いながらお尻や背中・肩で押し合う押し競饅頭。円を描き、中に入って押し合い、倒れたり円からはみ出たりしたらアウト。最後に残った子が勝ち。体が温まるだけでなく、みんなが笑顔になれた楽しい思い出だったはずです。ところで、歌に続きがあるのを知っていましたか。「♪あんまりおすとあんこがでるぞ　あんこがでたら　つまんでなめろ」……だそうです。

鮟鱇 ●あんこう　河豚 ●ふぐ

昔から、「東の鮟鱇、西の河豚」といわれてきた冬の魚の双璧(そうへき)。江戸では、武士や上流階級が河豚毒に当たって死ぬのを恐れてもっぱら鮟鱇を食し、芭蕉(ばしょう)なども「河豚汁や　鯛もあるのに　無分別」と、わざわざ有毒の河豚を好んで食べる人の気が知れないと呆(あき)れています。

これに対して河豚は、秀吉の時代に中毒死が続出して禁止令が出されたものの、伊藤博文が宿泊した下関の春帆楼(しゅんぱんろう)で供された河豚に、「一身よく百味の相をととのえ」と感服。この背景には、時化(しけ)で魚が捕れず、罰せられるのを覚悟で河豚を膳(ぜん)に供した女将(おかみ)の勇気がありました。

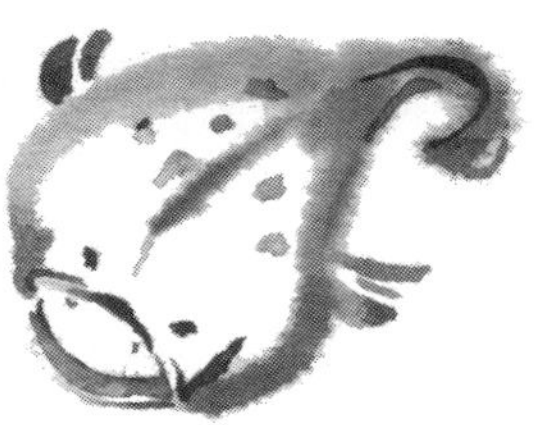

大雪

12月7日頃

文字通り、雪がたくさん降り、全国的に冬一色となるころです。北国の山はすっかり雪化粧し、平地に降り積もった雪は根雪となって春まで大地を覆います。雪かきだ、年末年始の準備だと、慌ただしい人間社会を尻目に、動物たちは冬ごもりに入ります。

初候

そらさむくふゆとなる【閉塞成冬】

12月7日〜12月11日

空が暗い灰色の雲で塞がれ、本格的な冬が訪れるころです。閉塞……いつのころからか、すっかりなじみになった言葉ですが、ここでは空の状態を表しています。閉塞の心からはため息が漏れてきますが、閉塞の冬空からは雪が落ちてきます。

「雪は天から送られた手紙である」。世界で初めて人工的に雪の結晶を作り出した中谷宇吉郎は、地上で目にする雪の結晶の形は、それが生成されたときの空（大気）の状態を教えてくれると言っています。雪の結晶というと乳業メーカーのロゴマークを思い浮かべますが、実際は六角形が基本形で、二つとして同じものはなく、大別すると八種類、最低でも八十種の変種に分けられるといいます。

宇吉郎は石川県片山津の出身。同県には雪景色の美しい金沢の兼六園があります。この日本庭園では北陸特有の重く湿った雪から樹木を守るための「雪吊り」がなされ、ちょうど今ごろの時期まで縄で枝を吊る作業が見られます。いつ何どき、ドカッとやってくるかわからないのが雪のこわさです。豪雪地帯では、家屋に「雪囲い」を施して雪害に備えるだけでなく、降れば降ったで雪かきや雪下ろしの日課を黙々とこなします。

虎落笛 ● もがりぶえ

ヒューヒュー、ヒューヒュー。寒風の吹きすさぶ日本海沿いなどでよく耳にする虎落笛。家を囲う柵に吹きつけ、笛のような細く物寂しい音を鳴らします。虎落は、竹を筋違いに組んで粗く作った柵や垣根のことで、昔の戦で城塞などの防備に使われたり、紺屋が染め物を掛ける「物干し」に使われたりしていました。「虎落」という充て字は、竹の表面がつるつるしていて虎もすべって登ることができないところから来ているようです。同音の漢字「殯」は、死者を本葬するまでの間、別の場所に安置して祀る儀式のことをいいます。

ちゃんちゃんこ ● ちゃんちゃんこ

冬の寒い日、セーターの上に綿入れの「ちゃんちゃんこ」を羽織り、炬燵に入ってみかんを食べたり夜中まで受験勉強に励んだり。ちゃんちゃんこは、江戸時代、袖なしの短衣を着た中国（清国）の子供が、鉦をちゃんちゃんと鳴らしながら飴を売り歩いていたことに由来すると言われています。綿入れは、関西では「丹前」、関東では「褞袍」と呼ばれていますが、北海道や東北では丹前を掛け布団のように寝具の一部として用いることもあるようです。

冬ざれ ● ふゆざれ

冬になってすっかり葉を落とした「冬木立」。野山を見渡せば、ただ黒褐色の裸木が立ち並んでいるばかりです。冬は、自然物の草木を枯らすだけでなく、人工物の街全体をも色褪せた暗い印象に変えます。そのように、いかにも寂しいたたずまいの冬景色を「冬ざれ」といいます。昔は、冬になることを「冬さる」といい、その活用形である「冬されば」を誤用したのが、「冬ざれ」の語源と考えられています。

雁木 ● がんぎ

新潟県の商店街を歩くと、歩道を覆うように長く張り出したアーケード状の庇を見ることができます。降雪期に歩道を確保するための雪除け屋根で、「雁木」と呼ばれます。雁木は、一六一〇（慶長十五）年、大火からの復興を祈念して、現在の阿賀町（津川）で造られたのが最初。とくに有名なのが総延長十六キロに及ぶ上越市高田の雁木通りです。秋田県や青森県の津軽にも、「小見世」と呼ばれる同様のものが存在します。

次候

くまあなにこもる【熊蟄穴】

12月12日〜12月16日

熊が穴にこもって冬ごもりをするころです。木彫りの人形や知床のヒグマなどから、熊はサケを捕獲して冬ごもりに備えるイメージが強いのですが、実際の栄養源は山ブドウやドングリなどの木の実が大半を占めるといいます。森林を散策中、樹上に鳥の巣のような枝の固まりがあるのを見たことがないでしょうか。あれは「熊棚」と呼ばれ、熊が枝を折って木の実を食べた際に尻の下に敷き詰めていたものだそうです。

熊は木の実をたっぷり食べて皮下脂肪を蓄えると、樹洞や岩穴・土穴などにこもり、その後は飲まず食わず、春まで代謝を落として浅く眠り続けます。とはいえ、メスの熊は一月か二月に平均二頭の子を産み、眠った状態で授乳もします。交尾期が夏であるため、受精卵が着床する冬に出産することになるのです。子育てはもっぱら母熊の役割です。子育て中の母熊は天敵から子熊を守ることに挺身します。

昔から熊による被害は絶えません。大正十五年、ヒグマが北海道の開拓民を襲う「三毛別羆事件」がありました。これをモチーフにした吉村昭の小説『羆嵐』は、人間と野生動物の棲み分けを考えるうえでの一助になると思われます。

マタギ ●またぎ

マタギは、かつて東北地方の山岳地帯を中心に、大型獣を狩猟して生計を立てていた猟師集団のこと。秋田県の阿仁地方で共同狩猟をしていた阿仁マタギがとくに有名です。彼らにとって熊は最大の収入源であり、万病に効くとされた熊の胆をはじめ、毛皮や骨、血や脂肪までもが薬や厄除けのお守りとして高値で取引されたといいます。現在も資格を取って猟師（マタギ）になる人はいますが、その数は限定的で専業はほぼ皆無です。

門松 ●かどまつ

門松は、年神様を家に招じ入れるために、家の門前などに立てる目印で、「松飾り」ともいいます。門松は、十二月十三日以降に設置すべきものとされます。ただし、二十九日は「二重苦」あるいは九の末日であるので「苦待つ＝苦松」として忌避されます。設置期間は「松の内」と呼ばれますが、関西では旧来の伝統を守って一月十五日まで、関東では一月七日までとするケースが増えているようです。

松の切り口が「そぎ」と呼ばれる斜めの形になっているのは、徳川家康が武田信玄との戦（三方ケ原の戦い）に負けた腹いせに、竹先を信玄の首に見立てて「エイヤッ」と斜め切りにしたからという説もあるようです。

煤払い ●すすはらい

十二月十三日は煤払いの日。年神様に気持ちよく来ていただくために一年分の汚れを落とす大掃除をします。起源は平安時代とされていますが、庶民に広まったのは江戸時代。江戸城内で十二月十三日に行っていたのに倣って始まったといいます。また、鬼宿日（鬼が宿にいて出歩かない日）という縁起のよい日にあたることから、年神様を迎える準備（正月事始め）をするのにふさわしいと考えたようです。薪や炭、囲炉裏などを使っていた時代は、どこの家庭でも必須の年末行事でした。

玉子酒 ●たまござけ

子供のころは、冬によく風邪をひいて寝込んだものです。そうしたときに母がよく作ってくれたのが玉子酒でした。飲むとポワ～となり、おかげでよく眠れ、目覚めたときには気分もすっきりしていたような気がします。あくまでも民間療法ですが、風邪で食欲が落ちたときの滋養食として重宝し、たいていの家庭で風邪ひきの子供に与えていました。欧米には、「風邪にコーラ」の習慣もあるようです。カフェインなどの成分が頭や喉の痛みをやわらげ、炭酸が胃の働きを活発にしてくれるといいますが、日本人ならやはり「玉子酒」でしょう。

末候

さけのうおむらがる【鱖魚群】

12月17日〜12月21日

海で大きく成長したサケが産卵のために大群を成して川を遡っていくころです。「鱖魚（けつぎょ）」は、中国東部に生息するスズキ目スズキ科の淡水魚のことですが、日本ではサケ目サケ科の「さけ＝鮭」の意味で読み下しています。

日本のサケは、川の上流で産卵し、孵化（ふか）すると川を下って海に出ます。その後、ベーリング海やアラスカのほうまで回遊しながら栄養を蓄え、三〜四年の歳月を経て生まれ故郷の川に戻ってきます。その遡上（そじょう）は秋に始まり、いまごろの時期まで続きますが、断末魔のような顔で受精を終えると、オスもメスも力尽きて生涯を閉じます。

サケが生まれた川に帰ってくることを、「母川回帰（ぼせんかいき）」といいますが、広い海を回遊しているにもかかわらず、なぜ間違わずに帰ってこられるのでしょうか。

これには諸説あり、川の匂いでわかる（臭覚回帰説）、太陽の位置を目安にする（太陽コンパス説）、地磁気で方角を決めている（地磁気説）、海流に乗る（海流移動説）などが挙がっていますが、実際のところ、よくわかっていないようです。河川の汚染や改修工事などで遡上・産卵できないサケも多いと聞きます。

新巻鮭と塩引き鮭 ●あらまきざけ・しおびきざけ

鮭といえば石狩鍋(いしかりなべ)やちゃんちゃん焼き、三平汁(さんぺいじる)、氷頭(ひず)なますと、バラエティーに富んでいますが、定番はやはり塩鮭。お歳暮時には新巻鮭として贈る風習もあります。新巻鮭は内臓を取り除いて水洗いし、塩漬けにして一週間ほど干したもの。新潟県村上市の「塩引き鮭」とよく似ていますが、製法には若干の違いがあります。塩引き鮭は、塩を〝引くように〟鮭の内側の身にすり込んだ後、一定期間低温で寝かせ、水で余分(よぶん)な塩を抜いてからさらに軒先などに吊(つ)るして数週間寒風に晒(さら)します。熟成期間が長い分、旨味(うまみ)も増すといいます。

羽子板市 ●はごいたいち

毎月十八日に開かれる観世音菩薩(かんぜおんぼさつ)の縁日のうち、年内最後のものは「納めの観音」と呼ばれ、多くの参拝者が訪れます。江戸時代、その人出を見込んで、「歳(とし)の市」を形成するようになります。その中で、江戸随一とされたのが浅草寺(せんそうじ)で、ここで羽子板が売られ始めたのが起源とされています。板で突く「おい羽根」が害虫を食べるトンボに似ていることから「悪い虫が付かない」、羽根の先端についている「豆」から「まめに暮らせる」。そんな謂(いわ)れから羽子板は女子の縁起物になりました。

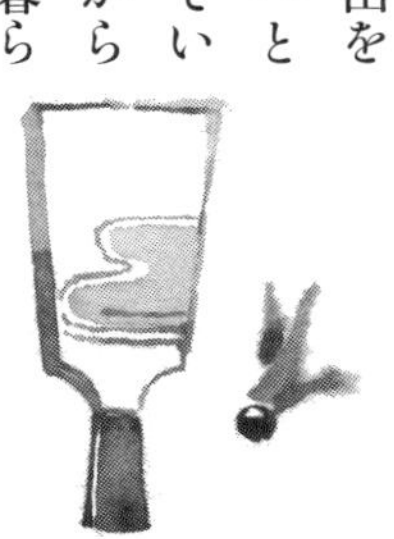

囲炉裏 いろり

日本の古民家では囲炉裏で暖をとり、自在鉤や五徳に鍋をかけて煮炊きなどもしていました。夜は、家族が集って食事をしたり、「夜咄」に興じたり。童謡の『冬の夜』には、吹雪の日に、囲炉裏端で裁縫や縄なえをする父母と子供らの団欒の様子がほほえましく描かれています。日照時間が少なく積雪の多かった秋田では、天日で干せなかった大根を囲炉裏の上に吊るして燻し、ぬか漬けにしていました。名物の「いぶりがっこ」も囲炉裏なしには誕生し得なかったものです。

埋み火 うずみび

埋み火は、囲炉裏や火鉢の灰の中に埋めた炭火のこと。いけ火、いけ炭とも呼ばれ、必要なときに掘り起こして、暖房や料理の種火として使います。炭火は一度消してしまうと、次に熾すのに手間がかかり時間もとられます。赤く熾った炭を灰の中に埋めるのは火種を絶やさないための先人の知恵です。

埋み火は、灰の中に隠れて熾火を燃やし続けることから、秘めた恋にたとえられることもあります。立原正秋の同名小説は、夫に先立たれた古美術商の女性が熟れた肉体をくすぶらせて……。この先は、埋めておきます。

冬至

12月22日頃

一年のうちで日の出から日の入りまでの時間が最も短く、夜が長い日です。植物は冬枯れし、動物は冬ごもり。人間も寒さでこもりがち。しかし、この日から春に向かって日足が伸びることから、運気が上向きに転じて福を招くといわれています。

初候

なつかれくさしょうず【乃東生】

12月22日～12月26日

夏至の初候「乃東枯」（107ページ参照）で述べたように、乃東は夏枯草の古名で、夏に紫の花穂をつける靫草のことですが、この時期に芽を出し始めます。

夏に枯れて冬に芽生える夏枯草は、そのときどきの気候に順応しない反逆児のような存在ですが、これとは対照的に今が旬の柚子は、「融通が利く」として、冬至になくてはならない存在になっています。

柚子の果皮にはビタミンCやヘスペリジンなどが豊富に含まれ、風邪予防や保温、血行改善によいとされています。昔の人はこれを経験的に知っていたのか、江戸時代には冬至を湯治にかけて、銭湯が「柚子湯」を始めています。柚子の香りには、邪気を払う力もあると信じられていたようです。

柚子湯と並んで、冬至にはかぼちゃを食べる風習があります。カロテンや各種ビタミン、食物繊維がたっぷりという緑黄色野菜の代表格ですが、新鮮な野菜が不足する冬場を乗り切ろうと、明治以降に普及した比較的新しい習慣のようです。小豆と一緒に煮たり、お粥（かゆ）に入れたりと、地域によって食べ方はいろいろ。脳卒中や風邪予防のほか、その色合いから金運アップを願う意味もあるといいます。

短日●たんじつ

短日は、冬の昼間の時間が短いこと。秋は夜に焦点をあてて「夜長（よなが）」としていたのが、冬は短さが極まった昼のほうに目を転じて「短日」としています。では、どれほど短くなったのか。たとえば冬至の日と夏至の日の昼の長さを比較してみると、二〇二〇年の東京の場合、前者が九時間四十五分、後者が十四時間三十四分。実に五時間近い開きがあります。

綿帽子●わたぼうし

「♪雪やこんこ　霰（あられ）やこんこ　……山も野原も綿帽子かぶり」。白一色で覆われた雪の景色を表現した童謡の『雪』。この中に出てくる「綿帽子」は、一般的には結婚式に新婦が文金高島田（ぶんきんたかしまだ）に結った髪にかぶせる白い袋状の布のことをいいます。かつて高貴な女性が外出時に埃除（ほこりよ）

けや防寒に用いた「被衣（かつぎ）」が起源とされ、婚礼衣装の一つになってからは、挙式の間、新郎以外の人に顔を見られないようにする目的もあったようです。綿帽子は白無垢（しろむく）の着物に合わせてかぶるもので、色打掛（いろうちかけ）などに合わせるものは「角隠し（つのかくし）」といいます。

年忘れ ●としわすれ

「年忘れ」という言葉は、鎌倉武士が開いていた「連歌会（れんがかい）」に由来します。連歌は、上の句と下の句を参加者が交互に詠んで一句を完成させる形式の句会ですが、当時はこれを「年忘れ」と称して大晦日（おおみそか）に行っていたのです。年忘れが宴会（忘年会）の意味になったのは明治時代、地方出身の官吏（かんり）や学生が暮れの帰郷前に酒の飲み会を開いてからといいます。

ずわい蟹 ●ずわいがに

呼び名でよく知られているのは、福井県で水揚げされる「越前蟹（えちぜんがに）」と山陰地方で獲れる「松葉蟹（まつばがに）」でしょう。オスは脚を広げると約七十センチ。長い脚にはぎっしりと身が詰まり、甲羅（こうら）には濃厚なカニ味噌がたっぷりと含まれています。サイズの小さいメスはオスほど重宝されず値段も手頃ですが、どっこい、外子（そとこ）（腹に抱いている卵）と内子（うちこ）（甲羅の中にある卵巣）は濃厚な旨味（うまみ）を宿し、珍味中の珍味とされています。

次候

おおしかのつのおつる【麋角解】

12月27日〜12月31日

大鹿のオスの角が抜け落ちて、生え変わるころです。「麋(び)」は大鹿のことで、ユーラシア大陸や北米の森林地帯に棲(す)むヘラジカやトナカイの仲間の「ナレシカ」のこととされています。

日本に生息するニホンジカは春先に角を落としますが（落角）、ヘラジカやトナカイはこの時期に角を落とします。トナカイの一部を除いてメスに角は生えませんが、オスは一年に一度、根元から角がポロリと落ちて新しい角と生え替わります。生えては落ち、生えては落ちというサイクルを毎年繰り返し、四〜五歳の成熟した大人になるころは、固くて鋭い立派な角を持つようになるのです。角はオスのシンボルであり、戦闘時の武器になります。繁殖期にはメスを巡(めぐ)って、まさに角を突き合わせる壮絶(そうぜつ)な争奪戦を繰り広げます。そして勝てばメスに近づき交尾する権利が得られるのです。

日本の鹿は雄大な冬の大地よりも秋のもみじが似合うようで、花札にはプイッと横を向いた鹿が出てきます。ここから、やくざの隠語である「しかと」（＝無視する）という言葉が生まれています。

年の瀬●としのせ

年の瀬とは、いつからいつまでか。そう聞かれると明確に答えられませんが、十二月の半ばから月末までを指していうことが多いようです。師走もそうですが、年の瀬と聞くと急に気持ちが泡立ってくるのは、「瀬」に「川の流れの速いところ」という意味があるからでしょう。つけ払いが当たり前だった江戸時代、借金した側は「払えるか」、貸した側は「回収できるか」と、年の暮れは、双方ともに心が落ち着かない状態に置かれており、これが年の瀬の語源になったともいわれています。

注連縄●しめなわ／注連飾り●しめかざり

注連縄には、年神様に「ここは神聖な場所ですよ」と示す目的があります。天照大神が天の岩戸から出た際に、再び中に隠れないよう戸に縄を張ったという神話に基づき、神域と俗界を分ける結界としての、あるいは、不浄なものの侵入を防いで内側の清浄を保つ魔除けとしての役目を持つようになったといわれます。

中国で葬儀後に故人の霊が戻らぬよう門に垂らした縄のことを「注連」と呼んだことから、同じ風習をもつ日本でもこれを取り入れ、「しめ」の漢字に充てたといいます。また、縄の下に七本、五本、三本の藁を垂らすことから「七五三縄」と表記することもあります。

御用納め●ごようおさめ

毎年ニュースで流れる公務員の御用納め。官公庁では年末年始の休みが十二月二十九日～一月三日と法律に定められており、通常は二十八日が御用納めとされています。これに対して、民間企業の場合は「仕事納め」といいます。御用納めの「御用」は、江戸時代に宮中や幕府の公務をこう呼んでいたことにちなんでいます。与力や同心が犯罪人を捕える際に「御用だ、御用だ」と叫ぶのは、「官命」に従っていることを示すためです。捕まった犯罪人が「もうだめだ」と観念するのは、御用納めならぬ「年貢の納めどき」です。

寒鰤●かんぶり

出世魚として知られる鰤。関東ではワカシ（二十センチ）→イナダ（四十センチ）→ワラサ（六十センチ）→ブリ（八十センチ）。同じく関西ではツバス→ハマチ→メジロ→ブリ。大きさによって呼び名が変わり、約八十センチになったものをブリと呼んでいます。

漢字では魚偏に師と書きますが、これには〝師走〟に脂がのって旨くなる魚だからという説もあり、それほどまでに冬のこの時期に欠かせない魚といえます。なかでも富山県氷見市の近海は、産卵のために北海道から九州の五島列島付近まで南下する鰤が通過する中間地点にあたり、ここで獲れるものは脂ののりが最もよい「ひみ寒ぶり」と呼ばれます。

末候

ゆきわたりてむぎいづる【雪下出麦】

1月1日〜1月5日

雪に覆われた畑で麦が芽を出すころです。麦は秋に種を蒔いて翌年の初夏に収穫する越年草です。寒さに強く、冷たい雪の下でも芽吹き、暖かい春にすくすくと生長し、暑気の強まる初夏に黄金色の穂を実らせ、「麦秋至」（「小満」の末候・むぎのときいたる）となるのです。

麦が雪の下で芽吹くころ、私たち人間も年を越して新年を迎えます。一年の開始月を正月、その最初の日の朝を元旦といい、元旦には年神様を家に迎えて、五穀豊穣や子孫繁栄・無病息災などを祈願します。

年末年始に行う各種行事は、年神様から多くのご利益を授かるために、先祖が代々伝えてきた風習です。

大掃除で「お清め」をするのは気持ちよく来ていただくため、門松は道に迷わないための目印、注連縄や注連飾りは年神様を祀るにふさわしい神聖な場所であることを示しています。御節も、雑煮も、鏡餅もすべて年神様への供物料理で、そこには無事に年を越せたことへの感謝と慶びの気持ちが込められています。

大晦日●おおみそか

月内最後の日は「晦日」、年内最後の日は「大晦日」。月の満ち欠けの周期を一か月とする旧暦では、晦日にも大晦日にも月が出ないことから、「月隠り」。これが転じて、かつては晦日を「つごもり」、大晦日を「おおつごもり」と言っていました。今の「みそか」という言い方は、月末の三十日から来ており、三十路を「みそじ」と読むのと一緒です。江戸時代の商人たちは、大福帳につけておいた売掛金を回収せずに新年を迎えると、すべてが棒引きになってしまうため、血相を変えて借金の取り立てに市中を駆けずりまわっていました。

口取り●くちとり

大晦日から元日にかけて、「年取り」や「年越し」の恒例行事が各地で行われます。なかでも全国的に定着しているのが、年越しそばでしょう。細く長いから「長寿に」、金細工師がそば粉を用いて散らばった金粉を集めたから「お金が集まる」、そばは切れやすいので「災難を断ち切る」など、いろいろな縁起を担いで食されています。

北海道や東北の一部には、大晦日に豪華な食事「年取り膳」をいただく風習があります。その膳に供されるのが「口取り」と呼ばれる生菓子（練切）です。海老や鯛、松竹梅などの縁起物をかたどって色とりどりに作られており、ご馳走にいっそうの華やかさを添えます。

若水 ●わかみず

若水は、新年に初めて汲む水のことで、初水や福水と呼ばれることもあります。昔は、正月の行事を取り仕切る「年男」が元旦に汲みにいくのがよく、また、途中で誰かに出会っても口をきくのはタブーとされていました。そうして汲んできた若水を、まずは年神様にお供えし、あとはそのまま飲んだり、雑煮やお茶に用いたり。こうすると一年の邪気が祓われ、無病息災に暮らせるといいます。

年玉 ●としだま

ポチ袋にお金を入れて大人から子供に渡すお年玉。定着したのは意外に新しく昭和三十年代だといいます。お年玉の本来の意味は、年神様から新しい魂「年魂」をいただくこと。具体的には、年神様にお供えした丸い餅「餅玉」を、御霊の宿ったあとに雑煮などにしていただく方法をとります（餅玉を「御年魂」と呼んだことが「お年玉」の由来とされています）。

お年玉は、目上の人から目下の人に渡す場合をいい、逆に目下から目上に差し上げる場合は、御年賀や御年始といいます。

小寒

1月6日頃

小寒から節分までは「寒の内」や「寒中」と呼ばれ、一年のうちで最も寒さの厳しい時期です。これから大寒にむけて寒さを増していきますが、「小寒の氷、大寒に解く」という言葉もあり、年によっては小寒のほうが冷え込むこともあります。

初候

せりすなわちさかう【芹乃栄】

1月6日〜1月9日

水辺で芹が盛んに育つころです。芹は、湿地や田んぼの畔道などに自生し、秋に出た芽がこの時期に水辺で「競り」合うように生育することからこの名がついたといわれます。また、白く長い根を持つことから、「白根草」とも「根白草」とも呼ばれます。

現在、日本では百種類あまりの野菜が栽培されていますが、その中で日本原産の野菜は、芹をはじめ、蕗や独活、山葵など、両手で数えられる程度しかありません。なかでも芹は、奈良時代に編纂された『古事記』や『万葉集』にも登場するほど古い野菜で、平安時代にはすでに栽培も始まり、宮中行事や神事に用いられています。

君がため　春の野に出でて　若菜つむ　我が衣手に　雪は降りつつ（光孝天皇）

まだ雪の降る寒い時期に野原に出て「若菜摘み」をする光景を詠んだ歌ですが、この若菜は芹を含む「春の七草」のいずれかを指しています。現在の私たちも「七草粥」を食べますが、古代には、より積極的な意味で青々とした若菜から春のような若返りのパワー（滋養）を取り入れようとの思いが強かったようです。

春の七草 ●はるのななくさ

「せり（芹）、なずな（薺）、ごぎょう（御形）、はこべら（繁縷）、ほとけのざ（仏の座）、すずな（菘）、すずしろ（蘿蔔）これぞ七草」。春の七草をこの歌で覚えた人も多いでしょう。なずなはペンペングサ、ごぎょうはハハコグサ、はこべらはハコベ、ほとけのざはコオニタビラコ、すずなは蕪、すずしろは大根。どれも豊富な滋養と高い薬膳効果で知られています。

一月七日は、「人日の節句」にあたり、この日に春の七草を入れた七草粥をいただくと、一年を健康に暮らせるといいます。

出初 ●でぞめ

一月六日に消防関係者によって行われる出初式は、一六五九（万治二）年、二年前に起きた「明暦の大火」を教訓に、上野東照宮で行われた「出初」が起源とされています。出初の花形といえば「梯子乗り」。江戸時代、火消しに活躍したのは、鳶職人で、訓練のために梯子を取り入れたといいます。高さ約六メートルの真新しい青竹。この上で、「頂上技」、「途中技」、「わっぱ」（逆さ大の字など）の大別三種の演技が披露されます。曲芸に見えますが、あくまでも防災訓練の一環。まなざしは真剣です。

歌留多●かるた

お正月の遊びの代表的なものに歌留多があります。語源はポルトガル語のcarta。平安時代の「貝合わせ」がヨーロッパのカードゲームと融合し、江戸時代の元禄期に現代の原型ができたといわれます。ことわざを使った「いろはかるた」が有名ですが、たとえば「い」は、江戸が「犬も歩けば棒に当たる」、上方は「一寸先は闇」と、地域によって異なっています。

雪まろげ●ゆきまろげ

雪が降るとイヌは喜び庭駆けまわり、ネコは炬燵で丸くなります。人間にあてはめればイヌは子供で、ネコは大人。子供たちは積もった雪に大はしゃぎし、小さく丸めた雪玉をコロコロ転がして大きな雪玉をつくります。こうした遊びのことを「雪まろげ」といいます。まろげは、形容詞の「丸い（円い）」に接尾語の「げ」がついて名詞化したもの。ついでにいえば、ころがることを「転（まろ）ぶ」といいます。

次候

しみずあたたかをふくむ【水泉動】

1月10日～1月14日

「しみず」とは湧き出る泉のこと。同じ意味の言葉に、湧水や清水・清泉などがあります。地上は「小寒」特有の凍てつく寒さで生命の躍動感が乏しい時期ですが、地中では、湧水もちょろちょろと春の兆しを示しながらゆっくりと動き始めています。

　地下水がいくつもの地層で濾過され、自然に地表に染み出てきたのが湧水です。いっぽう、地下水を人工的な力で汲み上げたのが井戸水で、昔から、寒の内に井戸から汲んだ「寒の水」は雑菌が少なく、良質で、霊力が高いと信じられてきました。

　寒の水で仕込むと腐らない、寒の水で炊いた米で餅を搗くとカビが生えない。そのような言い伝えから、今日でも、味噌や醤油をはじめ、寒餅、あられ、おかきなどの保存食作りに利用されています。

　とくに、寒の入りから九日目に汲んだ「寒九の水」は、それ自体が薬になるほど良質で、酒造りにおいても「最高の酒」を生み出すとされています。酒の寒仕込み（＝寒造り）は、江戸時代に兵庫県の伊丹で確立したといいます。農閑期に出稼ぎで蔵人や杜氏となる人も多く、寒仕込みはそうした腕利きの人に支えられてきました。

鏡開き●かがみびらき

鏡開きは、お正月（松の内）に年神様の魂が宿っていた鏡餅をおろして食べ、一年の無病息災を願う行事です。一般には一月十一日、松の内を十五日とする関西などでは一月十五日（または二十日）の場合が多いようです。武家で始まった行事であり、餅を刃物で切ると切腹を連想させ、手や木槌で「割る」のも縁起が悪いというので、末広がりの「開く」を用いて鏡開きにしたとされています。鏡開きは、年神様を見送って新しい年の仕事を始める意味合いを持つことから、武道ではこの日に道場開きをします。

十日戎●とおかえびす

十日戎は、毎年一月十日に漁業の神、商売繁盛の神、五穀豊穣の神として知られる七福神の「戎（恵比寿）様」を祀る祭礼です。前日九日の宵戎、当日十日の本戎、翌日十一日の残り福と、三日間を通して開催されます。十日戎で全国的に有名なのは、「商売繁盛で笹もってこい」でお馴染みの大阪今宮戎神社の「えべっさん」でしょう。えべっさんでは三日間市が立ち、福笹が無料で配られます。参拝者はこの笹に飾る「吉兆」と呼ばれる縁起物（小判・丁銀・打ち出の小槌・米俵・鯛など）を購入し、福娘につけてもらいます。

雪兎 ●ゆきうさぎ

日本には昔から雪が降る様子や雪景色を眺める楽しみ方があり、江戸時代には月光の下で雪明かりを楽しむ「雪見」が粋とされました。雪の楽しみ方では、「雪兎」もなかなかの風情です。白い雪を半球状に固めて、目には南天の赤い実を二つ、耳には緑色のユズリハの葉を二枚。

南天は冬でも枯れず「難を転じる」。ユズリハは、若葉が出た後にそれを譲るように前の葉が落葉することから、家が代々続いて「子孫繁栄」。正月の縁起物として盆の上に飾られ、人を惹きつけてきたのです。

御神渡り ●おみわたり

長野県の諏訪湖では、一月から二月にかけて湖面が結氷し、その一部がせり上がって筋状になる現象が見られます。「御神渡」と呼ばれるもので、言い伝えでは、湖南にある諏訪大社の上社の男神が、湖北にある下社の女神のもとに通ってできた「恋の道」（氷上を渡った跡）とされています。科学的に説明すれば、①結氷した氷が気温の低下で収縮→②表面に亀裂が入る→③亀裂に水が入ってさらに氷結→④気温が上がって亀裂部が膨張→⑤氷が盛り上がって筋状になる。結氷が早い年は豊作、遅い年は不作など、占いの役割も果たしています。

末候

きじはじめてなく【雉始雊】

1月15日〜1月19日

日本の国鳥は？　こう問われると、ニッポニア・ニッポンの学名をもつ「朱鷺（とき）」や鶴（タンチョウヅル）を挙げる人が多いのですが、実は雉（きじ）が正解です。一九四七（昭和二十二）年三月、日本鳥学会が、日本固有の鳥であることや『桃太郎』にも登場して日本の文化に浸透（しんとう）していることなどから、多数決で選定したそうです。

そのキジのオスがメスを求めて鳴き始めるのが繁殖期にあたる今ごろの時期です。オスはもともと顔が赤いのですが、繁殖期になるとさらに真っ赤になり、ケーン、ケーンと甲高（かんだか）く鳴いてメスに求愛します。

長く一夫多妻と考えられていたキジですが、実はそうではなく、オスもメスも、ともに同じテリトリー内で複数の相手と関係を結びます。乱婚（らんこん）と呼ばれ、多くの子孫を残すために生み出された配偶システムとされています。

国鳥であるキジも、その肉の美味なるゆえに禁猟・保護もままならず、平安の昔から現在に至るまで人々の舌を楽しませています。天皇も、キジの切り身を焼いて椀（わん）に入れ、熱燗（あつかん）の清酒をかけた「御雉子（おきじ）＝雉子酒」を正月の祝いになさってきたようです。

餅花（もちばな）／繭玉飾り（まゆだまかざり）

餅花は、紅白の餅や団子を小さく丸めてヤナギやミズキなどの枝に刺した飾り物で、農作物の豊作を予祝（よしゅく）（＝前祝い）して小正月に神棚（かみだな）や床の間などに飾られます。その形態は各地の生業（なりわい）や風習に合わせて発展してきましたが、よく知られているのが、養蚕（ようさん）と結びついて生まれた「繭玉飾り」です。飾る形式は、ピンポン玉サイズの繭玉（モナカの皮でできた半球状のもの）を水で濡らし、両側から枝を挟んでくっつける（＝球状にする）飾り方などです。繭玉のほかにも、大判・小判、宝船、大福帳、おかめ、七福神などの縁起物をあしらった飾り物も吊（つ）り下げ、さながらクリスマスツリーの日本版のようです。

どんど焼き（どんどやき）

旧暦で新年最初の満月の日にあたる小正月。その満月と火の力で一年の災厄（さいやく）を祓（はら）うのが、どんど焼きと呼ばれる火祭り行事です。青竹や藁（わら）でつくった櫓（やぐら）に、持ち寄った正月飾りや前年のお守り・お札（ふだ）などを放り込んで一緒に燃やします。名の由来は、どんどん燃えるから、青竹が爆（は）ぜて「どんっ」と鳴るからなど諸説あり、「左義長（さぎちょう）」や「鬼火焚き（おにびたき）」など、地方によって呼び方はさまざまです。「鏡開きをした餅やみかんを針金に刺し、熾火（おきび）で焼いて食べると風邪をひかない」など、言い伝えられているご利益もまたさまざまです。

嫁叩き●よめたたき

知らない人には「姑の嫁いびりか」と勘違いされそうですが、新嫁の尻を棒で叩いて子宝を願う小正月の行事です。起源は平安時代にまで遡ります。当時、宮中では小正月に小豆などの穀類を炊いたお粥を食べる風習があり、そのお粥をかき混ぜるときに使う「粥杖」で若い女性や小さな子供の尻を叩くと元気な子供が生まれると信じられていました。『枕草子』の中でも、〝粥の木〟で尻を叩いて追っかけまわす様子がいかにも楽しげに描かれています。

藪入り●やぶいり

藪入りは、商家などに住み込みで働いていた丁稚や女中、夫の家に嫁いだ嫁が里帰りできた休日のことです。江戸時代に広がった風習で、正月十六日とお盆の七月十六日（＝後の藪入り）がそれにあたります。藪入りの語源は、「藪林のある田舎に帰るから」とも、奉公人を実家に帰す「宿入り」が転訛したものともいわれます。

昔は今のように定休日がなく、また、おいそれと実家に帰ることが許されなかったため、この日だけは気兼ねせず帰省や芝居見物などの息抜きができたのです。現在の正月休みやお盆休みは、この藪入りの名残といえます。

大寒（だいかん）

1月20日頃

寒の内の中間にあたり、一年で最も寒さの極（きわ）まる時期です。武道の寒稽古（かんげいこ）や神事の寒垢離（かんごり）などのほか、酒や味噌・醬油の「寒仕込み」なども各地で盛んに行われます。寒さは厳しくとも、日足（ひあし）は少しずつ伸び、春が確実に近づいてきている予感があります。

初候

ふきのはなさく【款冬華】

1月20日～1月24日

「款冬」は、蕗（ふき）のことで、「苳」や「菜冬」の漢字を充てることもあります。もとは、冬に黄色の花をつけることから「冬黄（ふゆき）」と呼ばれ、それがつづまって「ふき」になったといわれます。フキが実際に花を咲かせるのは二月～三月。フキの花芽である「フキノトウ」が雪間から顔をのぞかせるのがこの時期にあたります。

キク科のフキは、数少ない日本原産の野菜（山菜）です。大きな葉っぱをつけた、いわゆるフキは、フキノトウの花が咲いた後に地下茎（ちかけい）から伸びて出てきたものです。花と葉柄（ようへい）の時期がずれているので、別物と思っている人がいるかもしれませんね。

フキノトウは、春がきたらいの一番に味わいたい味覚の一つです。カロテンやビタミンB_1・カリウムなどを含み、咳止（せきど）め、痰切（たんき）り、健胃（けんい）、浄血（じょうけつ）などの薬効があるとされています。摘み立ては独特の香りとほろ苦さがあるものの、時間が経つと苦味やえぐ味が強まるため、買うときは小ぶりで根元が黒ずんでいないものを選ぶとよいようです。

フキノトウは、天ぷらかフキ味噌にして。フキは、煮物かキャラブキ（佃煮）にして。

それぞれにそれぞれの楽しみ方があることでしょう。

寒晒し●かんざらし

郡上本染の手法で描かれた鯉幟を吉田川に晒す光景は、岐阜県郡上市の冬の風物詩。冷たい清流で布に付いた糊を落とすと生地が引き締まり、鮮やかに発色するといいます。岐阜県美濃市では、美濃和紙の原料・楮を板取川に晒して不純物や灰汁を取り除く漂白作業が行われます。また、冷気が品質の決め手になる「寒天」は、「寒ざらしで作るところてん」だから「かんてん」と、実にわかりやすいネーミングです。

豆炭行火●まめたんあんか

持ち運びのできる冬の暖房器具といえば「豆炭行火」。昭和四十年〜五十年ころまで、どの家庭でもお世話になったのではないでしょうか。熾した豆炭を内側のくぼみに入れ、やけどしないようにタオルで巻いて布団の足もとへ。朝方までに冷めてしまうブリキの湯たんぽよりもずっと長持ちし、重宝（ちょうほう）されました。その豆炭行火も電気行火に変わり、やがて電気毛布が登場してからはお役御免になりました。

かんじき ●かんじき

かんじきは、深い雪の上を歩くために考案された民具（みんぐ）で、昔は木と縄で作り、靴やわらじなどの下に履（は）いて利用していました。履くと体重が分散して雪に足がめり込まず、歩きやすくなるのです。日本では、縄文時代に「輪（わ）かんじき」を使っていた形跡が見つかっていますが、現在もプラスチック製のものが売られており、時代を経てもその機能性が高く評価されていることがうかがえます。

氷柱 ●つらら

寒冷地の家の軒下（のきした）などにできる氷柱は、屋根の雪解け水が滴（したた）り落ちていく過程で氷結（ひょうけつ）し、下に向かって少しずつ伸びていったものです。氷柱ができるには、解けては冷やされ、解けては冷やされてと、寒暖（かんだん）の繰り返しが必要だといいます。「つらら」と読むのは、古語の「つらつら」（表面が滑らかで光沢（こうたく）のある様子）に由来しています。氷柱には岩から染（し）み出た地下水が氷結したものや、滝のしぶきがかかって木の枝などにできるものもあります。

次候

さわみずこおりつめる【水沢腹堅】

1月25日〜1月29日

「沢」は山間の狭い渓谷（けいこく）などで見られる水が流れる場所。腹堅の「腹」は中央部、「堅」はかたい。つまり、水が流れる沢の中央部も固く凍ってしまうほど、寒い時節であることを表しています。冷え込みが底となるこの時期、沢や川・湖沼（こしょう）などの水面は、凍ったり溶けたりを繰り返しながら厚みを増していきます。

気象庁では、最低気温が0℃未満の日を「冬日」、最高気温が0℃未満の日を「真冬日」としていますが、これに該当する日が連日続き、その年の最低気温が観測されるのもこの時期が最も多いといいます。寒さの日本記録は、明治三十五年一月二十五日に北海道の旭川気象台で観測されたマイナス41℃。歴代トップテンのほぼすべてを北海道が占めるなか、唯一、四位に食い込んでいるのが静岡県です（マイナス38℃）。意外に思うかもしれませんが、何のことはない、富士山頂といえば納得がいくでしょう。

北海道のような寒冷地では、水道管の凍結に注意するのはむろん、牛乳を凍らせないために冷蔵庫に入れるという話も聞きます。とはいえ、こんな厳寒の最中でも、武道の寒稽古（かんげいこ）や寒中水泳、滝に打たれる滝行（たきぎょう）など寒修行が各地で行われます。

しばれる●しばれる

千昌夫の『味噌汁の詩』という歌に「しばれるねえ。冬は寒いから味噌汁がうまいんだよね」というセリフが出てきます。「しばれる」とは、厳しい冷え込みのときに使われる北海道や東北地方の方言です。北海道ほどの冷え込みではなくても、寒いことを表す方言は各地にあります。新潟は「いてる」、茨城は「こっつぁみぃ」、岐阜は「しみる」、山口は「すくれる」、佐賀は「ひやい」、沖縄は「ひーさん」……いろいろです。

波の花●なみのはな

波の花は、厳冬の日本海沿いで見られる〝バブル現象〟です。冬に吹く強い季節風によって海が荒れ、植物性プランクトンや海藻(かいそう)に含まれる粘液(ねんえき)が岩場で波にもまれて粘度を増すと、クリーム状の泡(あわ)になるとされています。泡のできはじめはきれいな白色をしていますが、岩に付着している砂塵(さじん)などが混じると茶色っぽい色に変色していきます。

海岸線を覆(おお)いつくし、ときに風に乗って舞い立つ泡は幻想的な美しさを帯び、能登半島などでは多くの観光客を引き寄せています。波の花は海が汚れていると見られない現象だといいます。ただ、塩分を多く含んでネバネバしており、家のサッシ窓や車に付着するとサビになり、服に付くとシミになるという厄介者(やっかいもの)でもあります。

たま風 ●たまかぜ

たま風は、東北・北陸地方の日本海沿いで冬に北西から吹く暴風(ぼうふう)のことで、束風(たばかぜ)とも呼ばれます。柳田国男の『風位考(ふういこう)』によれば、「たま」は霊魂、たま風は「悪霊が吹かせる風」の意味だといいます。北日本の太平洋側では、春から夏にかけて吹く「やませ」(偏東風(へんとうふう))も冷たい風ですが、冬のたま風はその比ではなく、吹雪となって全身にぶつかり、身が縮むような寒さをもたらします。かつて津軽(つがる)などでは、この風雪から身を守るため、女性たちが「角巻(かくまき)」と呼ばれる防寒具を頭からすっぽりかぶって街中(まちなか)を歩いていました。

蠟梅 ●ろうばい

蠟梅は中国原産の落葉低木。十二月〜二月という厳寒期に開花する希少(きしょう)な花で、玉梅(白梅)、山茶花(さざんか)、水仙とともに「雪中四友(せっちゅうしゆう)」の一つに数えられています。花弁が蠟細工(ろうざいく)のように透き通って見えることが名の由来とされていますが、中国語の「蠟梅(ラーメイ)」を語源とする説や、臘月(ろうげつ)(＝陰暦の十二月)に咲く花だからといった説もあります。また、江戸時代初期に中国から伝えられたことから「唐梅(からうめ)」とも呼ばれます。小ぶりで可憐(かれん)な黄色い花は冬晴れの青い空に映え、甘やかな芳香(ほうこう)に浸(ひた)っていると、心が春のように和(なご)んできます。

末候

にわとりはじめてとやにつく【鶏始乳】

1月30日～2月3日

鶏が春の気配を感じて、卵を産み始めるころです。「乳」は「産む」という意味ですが、「とや（鳥屋）につく」と読み下すことで、産卵場所にこもることを表しています。

今は鶏舎で季節を問わず採卵できる卵ですが、本来の産卵期は、日照時間が延びる春から初夏にかけてで、二月～四月が旬とされています。寒の内に産んだ卵を「寒卵」といい、中でも「大寒卵」と呼ばれる大寒の日に産み落とされた卵は、母胎でゆっくり時間をかけて成熟することから、とくに滋養が高く、昔から健康や金運に恵まれるとして重宝がられてきました。

鶏は、古来、神や精霊の時間である「夜」と、人間の活動時間である「昼」との境界を告げる「時告鳥」として神聖視されてきました。最も早く鳴く一番鶏は、丑の刻（午前二時）、二番鶏は寅の刻（午前四時）。昔の農家の嫁は、二番鶏の鶏鳴を聞いて布団から跳ね起き、竈に火をつけて朝の準備を始めたといいます。

七十二候の最後を飾る鶏は、夜のごとき長い冬に終わりを告げる役まわりを演じて、明るい春へと誘ってくれます。

節分●せつぶん

節分は旧暦の大晦日にあたる雑節の一つです。昔は、四季の節目である立春・立夏・立秋・立冬の日の前日をそれぞれ節分と呼んでいましたが、現在は立春の前日だけを節分と呼んでいます。旧暦では立春が一年の始まりにあたり、その前日である節分は大晦日という特別に大事な日であることから、立春の前日だけが節分となって定着したのです。この日は、中国の風習に倣い、季節の変わり目に生じるとされる鬼を追い払う行事が各地で行われます。

追儺●ついな

追儺は「鬼やらい」とも呼ばれ、平安時代に宮中で行われていた節分の行事です。当時は、貴族が破邪の力をもつ桃の弓と葦の矢を持ち、鬼に扮した家来を追いまわして門外に退散させていました。時代を経て宮中行事としての追儺は廃れますが、各地の神社に引き継がれ、さらに形を変えて庶民にも普及します。

その最もポピュラーな形が今日の豆まきです。「豆を炒る」は「魔目を射る」。ここから「魔滅」に通じる豆まきに発展したのです。ほかに鬼を祓う方法として、柊の枝に焼いた鰯の頭を刺し通して戸口に置く地域もあります。「柊の葉の棘で鬼の眼を刺すと、戸口から入れなくなる」などといわれ、「目刺し」の由来にもなっています。

豆まき ● まめまき

「鬼は外、福は内」。豆まきをするときのおなじみの掛け声です。ところが、鬼にゆかりのある地域や鬼子母神を祀る寺院などでは「鬼は内、福は内」。成田山新勝寺は、ご本尊の不動明王の前では鬼も改心して存在しないとして「福は内」のみ。浅草寺も「鬼は外」の代わりに「千秋万歳、福は内」と唱えます。そして究極は「鬼は内、福は外」。福を追い出すのは、外に住む地域の人に幸福が訪れるのを願ってのことであり、巡り巡って自分の家にも幸福が訪れるという考え方に基づいています。

福寿草 ● ふくじゅそう

幸福の「福」に長寿の「寿」と書いて福寿草。何とも縁起のいい花名です。福寿草は、北海道から九州にかけて全国に自生する春の代表花で、初春に黄色い花を咲かせ、夏まで葉をつけると、あとは翌春まで土中で過ごします。陽があたるとパッと花開き、陽が陰るとシュンとなるのは人間そっくりです。東京では年の瀬に鉢植えが売られていますが、北国では、雪解けの割れ目から顔をのぞかせる健気な姿を目にすることができます。このとき心に抱く「ああ、春だなあ」は、厳しい冬を乗り越えてきた寒冷地の人ならではの感慨でしょう。

冬にうっとりする

冬はつとめて。雪の降りたるは言ふべきにもあらず、霜のいと白きも、またさらでもいと寒きに、火など急ぎおこして、炭持て渡るも、いとつきづきし……(『枕草子』第一段)。

冬は早朝がよい。雪の降ったのはいうまでもない。霜がたいへん白いのも、またそうでなくても、すごく寒い朝にいそいで火を熾して炭をもって通っていくのも、とても似つかわしい。

日が昇って、朝のお勤めが始まる七時ころの宮中の様子でしょう。雪や霜の白、熾した炭火の赤。寒さでキリリと引き締まった空気、始業前のピンと張りつめた緊張感。そのコントラストが目に浮かぶ早朝の光景です。清少納言は、だらりと弛緩したものが嫌いだったのでしょう。「昼になりて、ぬるくゆるびもていけば、火桶の火も、白き灰がちになりてわろし」と続けています。

いっぽう、冬の夜をよしとしているのが童謡の『ペチカ』。「雪の降る夜は楽しいペチカ ペチカ燃えろよお話しましょ」と歌っています。ペチカはロシア式の暖炉のことです。

齋藤 孝 さいとう・たかし

1960年、静岡県生まれ。東京大学法学部卒。同大大学院教育学研究科博士課程などを経て、現在、明治大学文学部教授。専門は教育学、身体論、コミュニケーション論。NHK Eテレ「にほんごであそぼ」総合指導。著書に『声に出して読みたい日本語』(草思社・毎日出版文化賞特別賞受賞)、『身体感覚を取り戻す』(NHK出版・新潮学芸賞受賞)をはじめ、『1日1ページ、読むだけで身につく日本の教養365』(文響社)、『音読でたのしむ思い出の童謡・唱歌』(KADOKAWA)、『60歳からの生き方哲学 円熟した大人の作り方』(笠間書院)など多数。

みずみずしい叙情の日本語

二〇二二年四月二〇日 初版印刷
二〇二二年四月三〇日 初版発行

著 者——齋藤 孝

企画・編集——株式会社夢の設計社
東京都新宿区山吹町二六一 郵便番号一六二-〇八〇一
電話 (〇三) 三二六七-七八五一 (編集)

発行者——小野寺優

発行所——株式会社河出書房新社
東京都渋谷区千駄ヶ谷二-三二-二 郵便番号一五一-〇〇五一
電話 (〇三) 三四〇四-一二〇一 (営業)
http://www.kawade.co.jp/

DTP——アルファヴィル

印刷・製本——中央精版印刷株式会社

Printed in Japan ISBN978-4-309-28879-6